U0107187

大家美育课

敦煌的艺术

叶 朗 顾春芳
—主编—

译林出版社

《敦煌的艺术》编委会

（以姓氏拼音为序）

樊锦诗　顾春芳　王旭东　叶　朗　赵声良

主编序

叶 朗 顾春芳

我们的时代对人才的培养提出了更高的要求。

习近平总书记在一次座谈会上引用了恩格斯的一段话。恩格斯说，文艺复兴是"一个需要巨人而且产生了巨人——在思维能力、热情和性格方面，在多才多艺和学识渊博方面的巨人的时代"。[1]恩格斯的这句话对我们当今的人才培养非常有启发。我们谈人才，一般只重视知识的灌输、技能的训练，而忽视心灵的教化和人格的培养，不注重引导青少年去寻求人生的意义和价值。而恩格斯谈人才，首先是说"思维能力"，接着说"热情和性格"，然后是"多才多艺和学识渊博"，这就对我们的人才培养提出了极高的要求，同时也使我们的眼光从专业知识和技能的遮蔽中解放出来。

21世纪的人才培养，要注重精神、性格、胸襟、涵养等方面的要求。我们需要的人才，应该有着高尚的人格、完满的人性、审美的心

---

1 《习近平在文艺工作座谈会上的讲话》，载《人民日报》2015年10月15日02版。

胸、良好的修养,是身心和谐、全面发展的人。这样的人才,不仅具有高层次的想象力和创造力,而且具有广阔的眼界和胸襟,致力于追求一种更有意义、更有价值和更有情趣的人生,致力于追求人生的神圣价值。

美育是灵性的教育,不是技能的教育。康德认为审美可以把人从各种现实的功利束缚中解放出来,成为一个真正的人。席勒继承和发展了康德的思想,他进一步认为只有"审美的人"才是"自由的人""完全的人"。法兰克福学派把艺术的救赎与反对"异化"、反对"单向度的人"以及人对自我解放的追求更加紧密地联系在一起。海德格尔更是倡导人要回到具体的生活世界,"诗意地栖居"在大地上,回到一种"本真状态",达到"澄明之境",从而领悟万物一体的智慧。

一个真正有审美意识的人,一个伟大的诗人,都是最真挚的人,审美意识使他们成为最高尚、最正直、最道德、最自由的人。个人自由的实质,就是如何一步一步超越外在束缚、提升精神境界的问题。如果每个人的精神境界都逐步得到了提高,整个社会的自由度也必将得到提升。马克思在《共产党宣言》中说,更美好的世界,"将是这样一个联合体,在那里,每个人的自由发展是一切人的自由发展的条件"。[1]可见,个人境界的提高,不仅仅是个人的问题,也关涉整个社会的发展。

美育是给人希望和意义的教育。美育不只是教人知识,更是要教人生活,体验人生的意义和价值,提升人在审美中超越有限把握整体的能力,涵养高尚的心灵和行为,培养超凡脱俗的精神气质。这既

---

1 《马克思恩格斯选集》,中共中央马克思恩格斯列宁斯大林著作编译局编译,人民出版社1995年版,第294页。

是审美的培育,也是德性的培育。唯有美的感悟,才能变换人的心地,变换心地才能变换气格,变换气格才能提升境界。从这个角度来说,美育和人文艺术教育对人才培养有着非常重要的作用。

中华美育精神把塑造"心灵美"放在首位。美育的内涵,应该超出知识的传授和技能的传授,它的目标是引发心灵的自由和创造,引发心灵的净化和升华,养成和谐的人格和完满的人性。这就是孔子说的"诗可以兴"。"兴",按照王夫之的阐释,就是生命力和创造力的勃发,就是灵魂的觉醒,就是对人的精神从总体上产生一种感发、激励和升华的作用,使人成为一个有志气、有见识、有作为的人,一个心胸广阔、朝气蓬勃的人,从而上升到豪杰、圣贤的境界。心灵美、精神美,本质上是一种爱,是对生命的爱,对人生的爱,对父母师长的爱,对花鸟草木的爱,对祖国山河、人类文化、宇宙万物的爱。这种爱,造就了精神的崇高。

美育是立德树人的重要载体。它通过审美的和艺术的方式引领青少年弘扬社会主义核心价值观,引导他们树立正确的历史观、民族观、国家观、文化观,增强文化自觉,坚定文化自信,陶冶高尚情操,塑造美好心灵,为青少年的人生打下一个美好的底子。美育应该立足于传承中华优秀文化传统,植根于中华文化和人类文化的丰富土壤。美育应该突出经典教育,在教学中注重介绍文化经典和艺术大师。弗·梅林在《马克思传》中引用拉法格的话说,马克思"始终是古希腊作家的忠实的读者,而他恨不得把当时的那些教唆工人去反对古典文化的卑鄙小人挥鞭赶出学术的殿堂"。[1]我们要传承马克思主义

1　[德国] 弗·梅林:《马克思传》,樊集、持平译,人民出版社1965年版,第622页。

创始人的思想传统,使我们的青少年阅读经典、熟悉经典、欣赏经典、热爱经典。经典的作用不可替代,经典的地位不可动摇。

国家建设和社会发展要求我们全面加强和改进学校美育,坚持以美育人、以文化人,提高学生审美和人文素养。美育的功能重新定义了21世纪人才的内涵。随着电子工业、信息技术、传媒娱乐、生物工程、文化产业等新经济形态的迅猛发展,需要源源不断地为新的产业输送心智活泼、具有高度创造力的人才。世界范围内,凡是需要创造性地解决问题的领域,均需要提高人的文化修养和美学修养。爱因斯坦曾指出,科学的最高发现往往不是依靠逻辑,而是依靠直觉和想象力。这种直觉和想象力就来源于审美的性灵中合乎自然的心理秩序和合乎造化的宇宙体悟。个人境界的提高不仅仅是个人和社会的问题,也关涉整个国民素质的发展以及国家的未来。我们编写这套丛书的目标是推动美育的改革与提升,以心灵教育、人生教育、人格教育为核心,培养健康的审美趣味,提升人生的境界。

这套大学美育课程和配套读物的建设前后历时七年,倾注了许多一流学者的心血,突出了心灵教育、人格教育、人生教育,突出了中华文化教育,突出了艺术经典教育,突出了美育的实践性、创造性、体验性,突出了提升人生境界的目标,融汇了全面发展的教育目标。我们倡导开放性、沉浸式和实践性相结合的教学模式。为了进一步推动东西部学校教育资源的公平,这套丛书的内容采取同步共享优质在线课堂资源的方式,在互联网平台共享美育的实践和成果。希望这套丛书可以为青少年提供充盈的精神滋养,培养他们的精神品格、道德修养、思想境界、审美水平和创造能力,培养德智体美劳全面发展的社会主义建设者和接班人。

目　录

第一章　丝绸之路与敦煌莫高窟

樊锦诗

敦煌研究院名誉院长

一、古丝绸之路上的咽喉之地

讲莫高窟，要先讲敦煌。敦煌位于今甘肃省河西走廊西端。秦汉之际的敦煌和河西走廊先后有大月氏、乌孙、匈奴人在此游牧。公元前139年、前119年，汉武帝两次派遣张骞出使西域，使中国与欧亚大陆之间的交通（即古丝绸之路）全线打通。公元前121年，霍去病将军驱逐了控制敦煌和河西走廊的匈奴，从此，敦煌和河西走廊纳入西汉的版图。汉王朝采取"列四郡、据两关"的举措，行政上在兰州以西的河西走廊自东向西设武威、张掖、酒泉、敦煌四郡；军事上在四郡北面修筑长城，敦煌西面设置玉门关、阳关，征召大量士兵在此戍边和屯田；与此同时，汉王朝还采取了开发边疆的措施，从内地向人口稀少的敦煌和河西走廊移民。移民给敦煌带来了中原先进的农耕和水利灌溉技术，以及以儒家思想为主体的中原文化。上述举措确立了位于边陲的敦煌在历史上的重要地位和作用。

公元前2世纪到公元9世纪，海运尚不发达，敦煌及其天然的地理上延伸1 200公里的河西走廊，成为汉唐王朝通向欧亚的主要陆上交通干道。史书称敦煌是古丝绸之路上的"咽喉之地"。汉代敦煌，向东，可通往长安、洛阳，继续向东延伸，可到朝鲜和日本；向西，经过古代西域的南北两道，越过葱岭（今帕米尔高原）可通向中亚、西亚和南亚诸国，乃至地中海的南欧古希腊和北非古埃及；向南到古印度；向北，越过戈壁沙漠，沿天山北麓西行，进入草原丝绸之路。汉唐王朝时期，西部边陲的敦煌成为通往西域的门户，控扼着中国与西域的来往交通。敦煌位于丝绸之路上的战略要地，既是东西方贸易的中转站，也是中国与南欧希腊、西亚波斯、南亚印度、中亚地区的宗教、文化和知识的交汇处。公元4—14世纪建造的莫高窟就是古代中西文化在敦煌交汇和交融的结晶。

二、莫高窟的创建、主要内容及其保存

佛教创始人乔达摩·悉达多（公元前565—前486年）本是古印度北部迦毗罗卫国的王子，自出生起就在思索人生的意义，后出家修行，经过苦修，最终在菩提树下大彻大悟，修成了佛。人们尊称他为释迦牟尼，意思是释迦族的圣人。早期的佛教没有造像。约公元前1世纪，在古印度西北部犍陀罗（今巴基斯坦白沙瓦地区）和古印度北部马图拉，印度佛教文化与外来的希腊罗马文化艺术因素长期混合交融，创造了犍陀罗和马图拉佛教造像艺术。西汉末年，印度的佛教和佛教艺术经过丝绸之路，传入了我国。到了两晋十六国期间，佛教和佛教艺术在汉地广为传播，许多地区陆续开

始建造石窟。据圣历元年（公元698年）的《李克让修莫高窟佛龛碑》记载，公元366年，一个名叫乐僔的和尚，云游到了敦煌东南鸣沙山脚下，"行之此山，忽见金光，状有千佛"；他认为这是佛的感召，所到之处定是参禅修行的好地方，于是就在鸣沙山东麓开凿了莫高窟第一个洞窟。后来一个名叫法良的禅师，又在乐僔窟旁边，开了第二个洞窟。碑文记载，莫高窟的营建就是从这两位僧人开始的。此后，莫高窟开窟、塑像、绘画的佛事活动延续一千年之久。至今在1 700多米长的断崖上，保存了公元4—14世纪开凿的735个洞窟，分为南北两区，南区石窟群是礼佛的殿堂，共492个洞窟，洞窟内保存有45 000平方米壁画、2 000多身彩塑。北区石窟群是僧人修行和生活的地方，共248个洞窟，除5个洞窟外，其余洞窟无塑像和壁画，只有土炕和土灶等。此外，1900年，在莫高窟发现了藏经洞，洞中出土了50 000多件文献和艺术品。

世界上没有一处佛教遗址能像莫高窟这样绵延千年持续建造，同时保存下如此丰厚博大的艺术宝库和文献宝藏。莫高窟艺术是综合性艺术。洞窟建筑因功能不同而采用多种形制。动人的彩塑是洞窟内的主体；灿烂的壁画布满全窟，表现了丰富细致的内容和复杂宏大的场面。三者互相呼应，交相辉映。

莫高窟的建筑形制主要有：1. 禅窟，正壁开龛塑像，左右两侧壁各开两个或四个仅能容身的小斗室，供修行者坐禅修行；2. 中心塔柱窟，洞窟内凿出连地接顶的中国方形楼阁式塔形，塔柱四面开龛塑像，象征佛塔，供修行者入窟绕塔观像和礼佛；3. 殿堂窟，正壁开龛塑像，其覆斗形窟顶，受到中国传统殿堂建筑中帐形设施的影响，是供修行者礼佛或讲法的场所；4. 佛坛窟，洞窟中央凿出方形佛坛，彩塑群像高居佛坛之上，供修行者围绕佛坛右旋环通、礼佛观像；5. 大像窟，因窟中塑造巨大的石胎泥塑佛像而得名。

彩塑主要有：大彻大悟、具有最高智慧的佛的造像；自己觉悟又能普度众生的菩萨的造像；虔诚修行、求得自我解脱的弟子的造像；守护佛法的天王、力士等佛教神祇的造像。

壁画内容主要有七类：1. 尊像画，佛教诸神，即佛、菩萨、弟子、天王、力士，以及天龙八部的天众、龙众、夜叉、乾闼婆、阿修罗、迦楼罗、紧那罗、摩睺罗伽等众护法神的画像。其中以歌舞、香气、鲜花供养佛的护法神乾闼婆，是天歌神，又叫香音神。专司为佛奏乐的护法神紧那罗，是天乐神。他们被俗称为飞天。飞天没有翅膀，以其千姿百态、优美动人的飞舞而闻名。2. 释迦牟尼故事画，包括表现释迦牟尼生平的佛传故事，他前世忍辱、牺牲、布施做种种善事的本生故事，如尸毗王割肉救鸽的本生故事，以及他成佛后说法、教化的因缘故事等。3. 中国传统神仙画。佛教传入中国后，为融入中国的社会和文化，在壁画中吸收了当时中国社会广为信仰的传统神仙形象。具有代表性的如人身蛇尾的伏羲和女娲。传说人类由伏羲和女娲兄妹相婚而产生。伏羲教民结绳编网，捕鱼狩猎；女娲炼石补天。4. 经变画，这是一种将单部佛经的主题思想和主要内容演绘而成的大幅壁画。据画史记载，这是隋唐时期以长安、洛阳为代表的中原地区著名画家独创的中国佛教艺术。他们以丰富的想象力，将佛经思想和内容与中国传统的人物画、建筑画、山水画、花鸟画、社会风俗画巧妙地结合在一起，创造了宏伟壮丽、气象万千的理想中的佛国世界。具有代表性的如描绘西方极乐世界的《观无量寿经变》。5. 佛教史迹画，这类画描绘佛教历史上的许多传说和故事及佛教圣地、圣迹等，以利于传播佛教。具有代表性的如描绘著名佛教圣地五台山的《五台山图》，此画详细描绘了东起河北正定，西至山西太原，五百里方圆的山川地形以及城市、寺庙、佛塔、草庐、桥梁等各类建筑170多处，还描绘了高僧、官吏、商贩、善男信女各式人物，以及驮运、挑担、打柴、诵经、塔拜等社会风情场景。6. 供养人画像，这是为祈福禳灾而出资建窟造像的施主及其眷属用以礼佛的供养画像。具有代表性的如唐代的晋昌郡都督夫人太原王氏及女眷的供养像，体现了唐代贵族妇女衣着华丽，体态丰满，雍容华贵的气质和风度。7. 装饰图案画，这是一种用于装饰洞窟中建筑、彩塑和壁画的图案画。它像一条精美的纽带，将窟内的建筑、彩塑和壁画连接成风格统一的有机整体。具有代表性的如唐代绘画中结构严谨、富丽精致的窟顶藻井图案。

莫高窟创建至今已经历了1 600多年的历史，材质十分脆弱的彩塑和壁画之所以能保存下来，是因为敦煌处于戈壁沙漠的腹地，气候十分干燥；彩塑和壁画使用矿物颜料，性质相对稳定，不易变化；洞窟均属世代相传的不同家族的家庙；历史上环境相对安定，没有重大灾难性的战乱和动荡。

15世纪中叶嘉峪关封闭，敦煌民众全部迁入关内，莫高窟从此停止开窟造像，遂被遗弃。之后长达500年间，莫高窟处于无人管理的境地，任人破坏偷盗，破败不堪。直到1944年成立国立敦煌艺术研究所（现敦煌研究院前身），莫高窟才开始得到保护和管理；又经过了70多年几代莫高窟人薪火相传、坚守保护，莫高窟才得以妥善保存。

三、栩栩如生的彩塑和百科全书式的壁画

莫高窟十六国、北朝时期的彩塑，呈现出印度犍陀罗风格、马图拉风格和中国本土风格相融合的特点。如莫高窟北凉第275窟雄健厚重、面相丰圆的交脚弥勒菩萨像，其交脚坐、衣式、宝冠、饰物、跣足、双狮高座和长裙饰凸起的泥条纹特征，是受古印度犍陀罗风格的影响；其端庄的坐姿，宁静庄重的神情，有中国本土的风格。莫高窟北魏第259窟禅定佛，结跏趺坐，双手相叠于腹前作禅定印，身穿贴身通肩袈裟，这是受古印度马图拉佛教艺术湿衣贴身风格的影响。佛像的嘴角微微上翘，脸部处处表现出含蓄的、带有几分神秘感的、发自内心的、满足的微笑，充分表达了中国化的坐禅者"禅悦"的动人神韵，这是中国艺术强调形神兼备、尤重气韵生动风格的特点。这尊禅定佛彩塑被众多游客誉为"东方的蒙娜丽莎"。要知道，这尊佛像比《蒙娜丽莎》的诞生要早一千年。

隋唐时期，莫高窟艺术融合中外雕塑艺术特点，形成了具有中国特色的佛教彩塑艺术，成功地塑造了许多比例准确、造型健美、衣饰华丽、神态逼真、个性鲜明的完美艺术形象。如莫高窟盛唐第45窟佛龛内杰出的彩塑群像，其中菩萨像姿态婀娜，神情慈祥善良；莫高窟盛唐第194窟的菩萨像亭亭玉立，神情温柔娴雅，老年弟子迦叶像老成持重，青年弟子阿难像虔诚聪颖。同样是菩萨像、弟子像，却表现出不同的年龄、姿态、神情、个性。莫高窟唐代第96窟、第130窟以石胎泥塑的方法，分别塑造了高达35.5米和26米的两身庄严肃穆的大型弥勒佛坐像。莫高窟中唐第158窟长达15.8米的卧佛像，以精

湛的技艺,展现了安详、沉静、超脱的"涅槃寂静"的精神境界。敦煌唐代彩塑表现出大唐文化的恢宏气象,成为具有永恒艺术魅力、经久传世的不朽之作。

两晋到唐代是中国绘画艺术从发展走向辉煌的重要阶段,也是画家辈出的时代,可是名家留世的作品少而又少;唯独敦煌壁画为我们保存了这个时期绘画的真迹,并代表了中国中古时期绘画的突出成就。

十六国和北朝前期,敦煌壁画的人物画,受西域印度佛教艺术风格的影响较大,如莫高窟北凉第272窟佛龛内所画菩萨像,人体比例适度,身躯微有扭曲,面相丰圆,头戴宝冠,上身裸露,肩挂披巾,下穿长裙,采用凹凸晕染法表现肢体立体感。但此像扬弃了印度和西域的丰乳、细腰、大臀的特征。由此,这尊菩萨像既符合儒家思想,又不违背外来佛教艺术的风格。北朝后期,即公元6世纪,出现了中国中原风格,如公元538—539年前后建造的莫高窟第285窟绘画的菩萨像,面貌清瘦、眉目开朗、嫣然含笑,身穿宽袍大袖衣服,举止潇洒飘逸,用本土平面涂色的晕染法,表示立体感。这也表现了名画家东晋南朝顾恺之、陆探微"顾得其神,陆得其骨"的绘画风格。

唐代融合了本土和西域绘画的长处,人物画有极大发展。莫高窟初唐第220窟绘画的《帝王图》中,皇帝头戴冕旒,身穿衮服,青衣朱裳,在众多侍臣的簇拥下,张开双臂,昂首阔步,迈步向前。此画不只表现了中国皇帝的气宇轩昂,还表现了众多侍臣的不同神情。此画虽与左侧传世的唐初阎立本《历代帝王图》有些相似,但早于后者30年,构图之宏伟和人物神情之丰富,均超过阎立本传世的《历代帝王图》。又如莫高窟盛唐第103窟绘画的《维摩诘经变》中善于说法的维摩诘居士，他坐于帐内，身体前倾，手持麈尾，目光炯炯，嘴唇微启，仿佛正要开口讲话的样子。画家主要以遒劲挺拔而又富于变化的线描，表现出维摩诘衣袂飘举、善于论辩的精神风貌。此画颜色用得极少，衣服上只略施淡彩，这正是唐代"画圣"吴道子一派的"吴带当风"的特色。

敦煌壁画中还有中国特有的山水画。莫高窟盛唐第172窟东壁北侧的《文殊变》上部的青绿山水画图中，左侧是一组断崖，右侧是一组山峦，中部远处是稍低矮的山丘，河流沿山峦自远而近流下，到近处的河水汇成滔滔洪流，远处河流两岸的树木越远越小，与远处的原野连成一片，具有空间感，表现了无限辽阔的境界。这是唐代李思训的青绿山水画风格的特点。

敦煌壁画的佛教题材中还有许多反映古代社会生活和风俗民情的场景。农业如榆林窟第25窟表现农耕、收割、打场的壁画；手工业和商业如榆林窟第3窟表现打铁、酿酒的壁画，以及莫高窟第61窟表现制陶、第108窟表现酒肆宴饮的壁画；军事如莫高窟第12窟的战争图景，以及莫高窟第285窟中描绘的马铠装备、榆林窟第38窟中描绘的烽火台；艺术如莫高窟第112窟中的《反弹琵琶》舞乐图，以及第220窟中亚康国女子表演回旋舞的图景，还有古建筑；婚嫁如莫高窟第12窟的《婚嫁图》，描绘了一种男跪女揖的北方游牧民族"入夫婚"的婚俗，以及新郎和新娘穿戴上夸大自己身份"摄盛"的习俗；百戏体育如莫高窟第454窟的博戏图、第257窟的游泳图、第290窟的相扑图、第61窟的举重图；风情民俗如莫高窟第156窟中描绘的母亲手推四轮婴儿车图、第159窟唐代出家和尚净齿图、第468窟中表现学校和体罚的图景，还有第85窟表现男女谈情说爱的图景等。

莫高窟壁画展现了丰富的社会生活场景,堪称墙壁上的博物馆、百科全书式的壁画。

四、藏经洞——古代典籍的宝藏

1900年,道士王圆箓无意间在莫高窟第16窟甬道北侧复壁中发现了藏经洞(现编第17窟),从中出土了公元5—11世纪初约50 000余件多种文字的古写本和少量印本,其内容主要有宗教典籍和文献、社会官私文书、中国四部书以及绢画和刺绣等文物。藏经洞文物是"方面异常广泛,内容无限丰富"的新资料,大部分是失传的写本,并且是古代社会文化的原始记录,反映了古代社会诸多方面的真实面貌。不幸的是,在晚清政府腐败无能、西方列强侵略中国的特定历史背景下,西方列强的探险家接踵而至,从王道士手中骗购了大量极其珍贵的藏经洞文物,流散于国外的英、法、俄、印、日等十余个国家的30多座博物馆、图书馆,以及国内的30多座博物馆、图书馆,造成中国文化史上的空前浩劫。

藏经洞出土文物的内容可概括为五个方面:1. 宗教典籍和文献,其中占敦煌文献百分之九十的为佛教典籍和文献,如佛教《六祖坛经》,以及老子《道德经》等道教典籍;还有汉文书写的外来宗教典籍和文献,如景教(即基督教中的聂斯脱利派)《景教三威蒙度赞》和铜十字架、摩尼教《摩尼光佛教法仪略》、祆教(即琐罗亚斯德教)女神像。2. 社会官私文书,即各类官方和私家文书,如官方颁发的《张君义勋告》、私家契约《塑匠都料赵僧子典儿契》等。3. 中国四部书,有经部的儒家典籍,如《周易》《论语》《尚书》等;史部的史书《史记·伯夷列传》、地志《沙州都督府图经》等；子部的科技著作，如天文《全天星图》、医书《灸法图》、雕版印刷《金刚般若波罗蜜经》、算书等；集部的传统文学作品如《诗经》《文选》等；还有俗文学的变文《大目犍连变文》、讲经文、通俗诗等。4.非汉文文献，有粟特文、回鹘文、藏文、梵文、于阗文、突厥文、希伯来文等。5.数以千计的绢画和刺绣，如绢画引路菩萨、刺绣凉州瑞像等。藏经洞敦煌文献和艺术品涵盖了公元5—11世纪初政治、经济、军事、宗教、历史、地理、文学、语言文字、艺术、民族、民俗、科技等各个学科领域。藏经洞文物的发现被称为20世纪初古代东方文化的最大发现，为中古的中国、中亚、东亚、南亚的学术研究提供了珍贵资料，以至于在藏经洞文物发现后，以藏经洞出土文物与莫高窟洞窟文物为对象的研究，被称为"敦煌学"，并成为国际的显学。

五、华戎所交一都会

古代敦煌有"华戎所交一都会"之称，展现了重要的地理意义。古代敦煌以汉晋文化为基础，兼以开放包容的广阔胸怀，广泛吸纳多民族文化和西域欧亚文化。莫高窟和藏经洞保存了丰富的多民族和欧亚的宗教、文化、艺术交流的实证，如表现了吐蕃、回鹘、党项羌、蒙古等不同民族的供养像。

此外，还有受古希腊爱奥尼亚柱式影响的莫高窟第268窟，受罗马女神双狮座影响的第275窟交脚弥勒菩萨像和双狮座，受印度支提窟影响的第254窟中心塔柱窟，受印度教湿婆神形象影响的第285窟佛教护法神摩醯首罗天，受西亚古波斯英勇善战的武士骑马射狮形象影响的第420窟《武士骑象打虎图》，有第158窟表现亚洲多国王子举哀图以及第220窟中表现亚康国女子跳回旋舞的图景，等等。

上述介绍比较简单，可能挂一漏万，但足以证明敦煌莫高窟和藏经洞文物的宝贵价值，它是一座独具特色、博大精深、绚丽多彩的文化艺术宝库。它对传承弘扬中华民族优秀传统文化，提供学术研究资料，滋养国民道德素质，增强民族凝聚力，提升国家软实力，具有重要意义。

如今，敦煌莫高窟的影响越来越大，它的珍贵价值被越来越多的人所挚爱和关注。习近平总书记指出："文化是民族生存和发展的重要力量。"今天我们要努力地保护、研究、弘扬和传承敦煌莫高窟与藏经洞文物，深入发掘其价值，使它为实现中华民族伟大复兴、中华文化繁荣兴盛，绽放出更加绚丽的光彩。

第二章　敦煌文物与文献中的丝绸之路

荣新江
北京大学历史学系教授

　　摊开地图，我们可以看到敦煌就是中国古代西北边境的一个小城镇，正好位于中国和西方世界沟通的一个关节点上。在先秦时代，敦煌实际就是一个游牧民族活跃的地方，主要有月氏人、乌孙人等在这一带放牧。在商代安阳殷墟的妇好墓里，就曾经发现过很多玉器，经过专家鉴定，那都是和田的玉，那么这些和田的玉是从哪来的？中国古代史书里曾载有一个名字"禺氏边山之玉"，所谓"禺氏"古音就是月氏，安阳妇好墓里发现这些和田玉实际上就是月氏人通过以敦煌为节点的河西走廊送到中原来的，所以在先秦时期月氏人等于是中西交往的一个中转站。汉武帝占领敦煌地区后，设立玉门关，就是因为这里是玉进入中国的一个关口。

　　另外从俄罗斯阿尔泰山西麓的巴泽雷克大墓里发现的那些公元前四五世纪的中国铜镜、丝织品可以看出，实际上在先秦时代，东西往来的交通路线就已经存在。但是在过去，西北地区主要是游牧民族的天下，北方是匈奴人，河西走廊最大的一个族群就是月氏人。后来匈奴人把月氏人给打跑了，跑到西边伊犁河流域，到了天山以北。匈奴占领了河西走廊，而且南下进攻新成立的汉王朝。汉王朝经过约70年的休养生息，到汉武帝时期，力量已然强大，要进攻匈奴。除了正面进攻之外，汉武帝还有一个非常大的构想，就是要去伊犁河流域，去找被匈奴人打走的月氏人，跟月氏人联合来进攻匈奴，由月氏人来打匈奴的西边，就是所谓"断匈奴之右臂"。

公元前138年，汉武帝就开始广招能人去联络月氏。汉中人张骞应募前往。但是他带着这100多人的队伍出发不久就被匈奴所劫，被俘虏了。经过10年囚禁，最后匈奴内乱，张骞才找到机会逃了出来。但是他没有回去，而是持着汉节继续西进，经过匈奴控制的地方到了大宛，就是今天的费尔干纳；然后到了康居，就是今天塔什干这一带；再然后南下越过阿姆河，找到了当时已经从伊犁河流域迁到阿姆河流域的大月氏。这时候大月氏人住在那也挺好的，他们就不愿意再回来了。张骞把西域各个国家的政治、制度、兵力、道里、物产等情况都了解得清清楚楚，然后开启返程。半路又被匈奴给抓了一次，大概关了一年多，他再次逃跑，回到汉王朝。由此，张骞带给了汉王朝整个西方世界的真实记述，这在中国历史上属于"凿空"，因为在此之前，中国人对于西方的了解都来自一些传闻，如《山海经》《穆天子传》这些故事性的记录。张骞第一次真正把西方世界的情况告诉给了中国。也就是在这个时候，"敦煌"这个名字第一次在中国的历史书上出现了。

之后汉武帝又派张骞第二次出使西域，他主要去了乌孙，而且带了一个300多人的使团，分别去往西域各国。这些使团回来之后，汉王朝跟整个西方世界都有了直接或间接的贸易。这些区域包括西亚的安息，就是帕提亚帝国。据史书记载，这种贸易甚至一直延伸到了犁靬，就是今天埃及的亚历山大，当时的罗马帝国。这就是历史上的张骞通西域。张骞通西域，实际就是我们今天说的丝绸之路的开通。从中国方面来讲，特别是从中原王朝来讲，丝绸之路的开通是从张骞凿空、通西域开始的，而这个事情跟敦煌是紧密联系在一起的。

西汉末年，王莽乱政，跟西域的沟通也有所衰落。到了东汉时期，又有所谓跟西域的"三通三绝"。东汉初年有班超通西域，班超还派了一个使者叫甘英，一直走到帕提亚帝国，去联络罗马帝国，这些都是丝绸之路历史上发生的事情。

到了东汉末年，三国魏晋时期，中原地区天下大乱，影响了丝绸之路上的一些往来，敦煌地区也受到了很大的影响，甚至在曹魏时期，敦煌有20多年都没有太守。曹魏后来派了一个叫仓慈的人来做太守，他把劫掠商旅的豪强加以整治，又沟通了丝绸之路往来的路线。

两汉时期，中国在西边正好是跟中亚的贵霜王朝接壤，它的势力不断扩大，也可说是贵霜帝国；再西面是帕提亚帝国，也就是安息帝国；然后再加上罗马帝国——大概从公元前2世纪到公元2世纪的四个世纪里，四大帝国并存在整个丝绸之路上。这个时期也是丝绸之路贸易最繁盛的时期，当然这种贸易以官方贸易为主。

今天在敦煌东边有一个悬泉置考古遗址，这个遗址就是汉代的一个驿站，而且它偏离长城，是一个比较靠南的驿站。这个驿站的作用是什么？这里实际就是往来的使者在进入敦煌城之前或者出敦煌城之后要住一宿的地方，是一个对往来使者特别接待的驿站。考古学家在这里发掘出约两万支汉简，现在还在整理当中。在这些汉简中，有大量书简记载了这些各国使者。今天我们看《汉书·西域传》或者《后汉书·西域传》，里面有时候说西域有36国，有时候说是55国。所有在这两部书里提到的西域国家，都能在悬泉置汉简里找到名字，其中甚至还有两个小国，在两部《西域传》里都没有记载，但是我们可以考证出它们大概是位于中亚哪些地方。这些悬泉置汉简是记录这些经过敦煌的、往来于丝绸之路上的各国使者的一个绝佳材料。我们可以看到如何接待这些使者，如何安排他们的车辆、马匹、食宿。在两部《西域传》上有一些偶尔一提的片段，比如说于阗使者来了，但是在悬泉置汉简里，我们可以看到这个使团有时候超过千人，是一个非常大的使团；而且也可以看出，很多国家的使团是集合在一起来的。两汉时期应该是经过敦煌的丝绸之路最繁盛的一个阶段。

到三国魏晋，丝绸之路稍显衰落，但这种衰落是与两汉这种大王朝的情况相比，在推动丝绸之路上有所减弱，但是各个地方的王朝和地方政权，仍然是推进丝绸之路的发展的。从汉朝末年内乱后，敦煌这个地区归曹魏统治，后来西晋短暂统一，进入所谓五胡十六国，然后是南北朝。像五胡十六国时期，敦煌主要是由诸凉王朝统治，如前凉、西凉、北凉，南凉没有直接在这里统治。这中间还有个前秦，是以长安为都城的。这些王朝陆陆续续管理着敦煌这个政权。这些政权在本身来讲，尽管其能力有限，但实际仍然是推进丝绸之路的往来贸易的，因为这个丝绸之路对这些小国作为中转贸易是有利可图的。

从另一方面看，敦煌地区很有意思。我们平常看它是一个非常偏僻的地方，但是在魏晋南北朝时期，由于中原内乱，汉末以来的那些世家大族要往三个方向跑。一个就是往南方。我们知道西晋灭亡之后，在江南建立了东晋王朝的司马氏，司马家族带着王室和中原大家族进到南方，建立了南方的东晋，以后是宋、齐、梁、陈。另外一支就向东北跑，到了北燕，这里讲的东北就是今天的河北和东北辽宁这一带。还有一些世家大族往哪儿跑？就往河西走廊跑，因为相对于中原的内乱，河西走廊是相对安定的。这些世家大族到了河西走廊，得到了这些小王国的高官厚禄，留下来教书育人。据说有一个在敦煌的学者，他的授业弟子差不多有3 000人。这样规模的儒家文化的传播，在此之前实际上是没有的。因为我们之前看汉简，就像李学勤先生说的"不涉要典"，汉简里没有重要的典籍，主要是一些士兵日常所用的东西。没有重要的典籍，是指没有我们在长江流域发现的《老子》《论语》《尚书》这些重要的典籍。但是到了魏晋南北朝时期就不一样了，因为世家大族带着书，带着学生，带着学问，进入河西走廊，所以一下子就把河西走廊的学问水平提升得非常之高。我们过去在史书上可以看到，东晋、南朝都要派使者去河西走廊求书，就是在求河西走廊的这些学者写的书，所以当时河西走廊的文化水平实际上一点也不低于东晋、南朝。到隋唐时期，我们知道统一了全国之后，隋唐的文化是用的南朝的文化，但是在魏晋南北朝的早期、中期，河西走廊的文化水平实际上一点都不比南朝弱。

正是有了这样的文化基础，所以有了另外一个方面的结果，就是佛教进入了河西走廊地区。佛教由释迦牟尼创立，经过印度阿育王的推广，到了公元前二三世纪到了西北印度地区；但是真正推进佛教向印度区域之外扩张的，就是我们前面说到的贵霜王朝。这个贵霜的迦腻色伽大帝在公元1世纪的时候，极力向外派传教士传播佛教。其实也就是在这个时间点上，中国才第一次有了佛教的痕迹。

根据北京大学汤用彤教授的权威说法，公元前2年有一条记录，说大月氏使者到了长安，口授《浮屠经》。这是最准确的一条佛教传入中国的记录。但是，在公元前2年这个时间点上，如果我们纵观整个河西走廊和塔里木盆地，其实都没有多少佛教的痕迹。

不过幸运的是，在我们前面所说的悬泉置汉简里，有一支简上写了一封请柬，说是请一个人到敦煌的小浮屠里来约会，来喝酒。所谓浮屠就是佛陀，所以既然敦煌有浮屠里，那一定有佛教徒曾经在，或者有佛塔这样的设施。这支简的年代大概就在西汉的末年，东汉的早期，这个时间点跟中原的史料记载大致能够吻合上。更有名的故事就是东汉明帝的"白马驮经"，这是传说中的佛教进入中国的故事，但其实佛教进入中国比这个还早。

根据总体的材料来看，整个河西走廊在三国之前，在两汉时期，佛教并不兴盛。可是到了西晋的时候，佛教的历史上就有了一个非常有名的僧人叫竺法护，他的称号叫"敦煌菩萨"，是一个大法师。他在西晋的时候已经声名显著，以翻译佛经闻名，所以在他之前，一定有一个佛教发展的脉络存在。竺法护的影响，他的弟子的教授，再加上内地来了一些非常有文化的世家大族，他们可以接受这些佛教的义理思想，因此从西晋到十六国时期，敦煌开始有了佛教的发展，其中最重要的就是莫高窟的开凿。

莫高窟的开凿情况可以依据唐朝的一个石碑史料的记录。这个记录虽然是唐朝最早开始记录下来的，但是跟整个历史是相吻合的。文化发展到这个时候，佛教已经有了一定的根基。前秦建元二年（公元366年），有一个叫乐僔的和尚，从东边来到了敦煌城东的鸣沙山东麓，忽然眼前金光万丈，看到有千佛在金光中显现，于是他在莫高窟的东崖上开凿了第一个洞窟。之后又有一个从东方来的法良禅师，就在乐僔和尚的窟旁，开了第二个窟。这就是敦煌莫高窟的初建。

为什么说是从东边来的这些僧人开凿的这个洞窟，这是有一个大背景的。实际上当时河西走廊的很多文化都是从东边进入的。同时我们知道，魏晋南北朝时期佛教在中国开始蔓延开之后，有很多人要去西行求法，就是都要去印度求取真的佛法，因为他们在内地看到的佛经解决不了他们在哲学上的问题，以及佛教义理上的问题。法显在公元400年的时候去西天取经，他主要就是取律。他觉得中国的和尚不守戒，所以他一定要知道印度的戒律到底是什么样的，他要去取这个律。其实法显、宋云这些人都是经过了敦煌而去西天取经的。所以像我们说的乐僔也好，还是法良也好，也可能就是这些陆陆续续经过敦煌的求法僧中的一个，然后在这里开凿了石窟。

在这样一个佛教背景下，北魏在平城，即北方最强的游牧民族鲜卑人南下到平城建立了北魏王朝，然后统一北方，在公元439年灭掉了河西走廊的北凉这个小王国。北凉是包括了敦煌的小王国，它的首都在今天的武威。北凉被灭的时候，史书说当时整个敦煌地区，"村屋相属，多有塔寺"，可见佛教已经相当繁盛了。而且北凉是一种佛教造窟模式的最主要的制作者，就是北京大学宿白教授说的，有一种佛教造窟样式就叫"北凉模式"。乐僔、法良造的窟我们现在已经找不到了，敦煌莫高窟现在保留下来的最早的就是北凉的石窟。北凉的石窟应该是跟河西走廊从东边到西边一脉相承的，但是里面的很多画又跟克孜尔，就是跟新疆的一些石窟的画法是一样的，更多是受西方绘画方法和造窟制度影响的。

到北魏统一了中国的北方以后，这个影响也进入了敦煌。我们在敦煌曾经发现过有北魏驸马冯熙的《杂阿毗昙心经》，还曾经发现过北魏的广阳王惠安刺绣的一个发愿文，写经和刺绣品都非常精美，这些实际上都是从平城带过来的，就是从当时北方中国文化水平最高的地区带过来的。到了西魏的时候，鲜卑皇族、东阳王元荣被任命为瓜州刺史。当时的瓜州首府就是敦煌，不是今天的瓜州，所以瓜州刺史就是敦煌的太守。公元529年东阳王来了之后，实际上就把当时北魏的首都洛阳的文化搬到了敦煌。这个东阳王又是一个热心的奉佛的人，他出资写了大量佛经，现在我们在敦煌莫高窟藏经洞里发现了很多他当时供养写的佛经，一种要写500卷，因为他有钱做这种大功德。另外我们今天看到莫高窟第285窟这个漂亮的大窟，实际也是他在那个时期做的。到了北周的时候，又有一个封为建平公的于义任瓜州刺史。东阳王和建平公都是在莫高窟的建筑史上留下了名字的人物。我们知道丝绸之路东西往来，有中原文化的西进，有西方文化的东来，东阳王和建平公这些人实际上是把中原的文化传来，等于他们使得敦煌变成了一个中国文化和西来的佛教文化相汇聚的地方。从法显、智猛一直到北魏派到西天去取经的宋云和慧生，都有贡献。其实这位宋云就是敦煌人，为什么派他去呢？因为他对西方的道路比较熟悉。这些求法僧经过敦煌而去，而且有些人也经过敦煌而回，所以他们一定会把西方的文化带进中国，带进敦煌。

　　另一条线索就是，除了我们知道以敦煌莫高窟为代表的佛教文化，实际上在丝绸之路上还有各种各样的文化。在中古时期，像汉、贵霜、罗马、帕提亚这些大帝国衰落之后，整个丝绸之路的贸易一度受到打击，这个时候有一个在中亚的商业民族，承担了在中古时期丝绸贸易的重要人物，这就是我们所说的粟特人。粟特人是今天在以乌兹别克斯坦为主的、阿姆河和锡尔河两河流域之间的一些绿洲城邦国家，以今天的撒马尔罕、布哈拉、塔什干为中心。他们历来就是一个商业民族，遵行"利之所在，无远弗至"，就是只要哪儿能够赚钱，就往哪儿去。从公元3世纪，一直到大约公元10世纪，整个丝绸之路的贸易就变成了他们一统天下，当然这也是一步一步发展来的，而这实际也是跟敦煌有关。

就是在敦煌，1907年，斯坦因在长城烽燧的下面发现了一些古信札。他发现了一个麻布袋子，上面写着一些粟特文，打开之后里面有七八封信，有从武威寄到撒马尔罕的，有从敦煌寄到西边的，可能寄到楼兰，寄到和田。这些信件表明了这是一个粟特的商队，从撒马尔罕带着钱到了敦煌，到了武威，然后以武威作为他们的大本营，另外再派几队商人，有的到洛阳，最远的到安阳（邺城），也有到金城（兰州），也有到酒泉，也有到敦煌。他们就是以一个地点作为中心地，四散开来，然后慢慢又有商队不断从西边过来，经过敦煌、武威，这些东西被倒卖到洛阳、长安、邺城。他们在每一个销售点上都建立起一个聚落，这样在整个丝绸之路上就逐渐建立了一个个粟特聚落的网络，他们也就把粟特的整个贸易圈建构在整个丝绸之路上。所以我们今天看到的大量萨珊银币、中国的丝绸，还有金银器，以及樟脑、胡椒、贵金属、药材等，这些东西在中古时期都是由粟特人倒卖到中国来的，而且他们来换取的，主要就是中国的丝绸。斯坦因也在玉门关的长城遗址里发现过整捆的丝绸，它们曾被一捆一捆地往外运，而这都是粟特人的功劳。

而且，由于敦煌有经卷，有很多社会文书，所以我们可以通过敦煌的资料，看到非常完整的粟特人在丝绸之路上经商贸易的情形。

就是在敦煌的城东叫安城的地方，有一个粟特人的聚落，这个聚落大概有几百人，后来唐朝的官府为了控制他们，就把它转化成一个乡，名叫从化乡。根据敦煌文书，这些乡里的人其实并不怎么种地，他们一般作为市场的管理者，叫市壁师，有的就出去贩卖或贩运。这些粟特商人在每一个丝绸之路的都市都建立起一个殖民聚落，把他们的货物卸到这里，然后再继续往东边来运输。由此在敦煌，形成了一个非常典型的粟特聚落。

而且，我们还看到有资料记载，在聚落里还建立了一个琐罗亚斯德教（祆教）的寺庙。实际上在中亚地区的乌兹别克斯坦那个所谓粟特地区的粟特人，他们本身受的文化最早都是伊朗的文化，所以他们都信仰琐罗亚斯德教。丝绸之路沿线上有粟特聚落的地方，基本都有祆教寺庙。中国把这些寺庙叫作祆教的祆祠，或者祆庙。粟特人进入佛教影响非常强大的敦煌等地区之后，慢慢也信了佛，所以我们在敦煌莫高窟藏经洞里发现了一大批粟特文经书，这些经书全部都是从汉语佛经翻译过来的，没有琐罗亚斯德教的内容，都是汉语的佛经，这也是丝绸之路上文化交流非常好的一个现象，表现了一种文化同化。他们本来是把琐罗亚斯德教带进了敦煌，但是他们同时又被敦煌的佛教文化所征服了，这中间既有商贸的沟通，同时也有文化交流。粟特人实际上是中古时期东西方物质文化和精神文化的一个转述者。不仅是琐罗亚斯德教的义化，其他如摩尼教、景教，也跟粟特人的东来有着千丝万缕的联系。

隋唐时期是中国古代传统社会的一个顶峰时期，丝绸之路在这个时期也最为繁盛。在隋代的时候，隋炀帝曾经派黄门侍郎裴矩，在张掖和敦煌之间，专门沟通这些商旅，让这些商旅来到中国做生意，开通丝绸之路。他曾经写了一本书，叫《西域图记》。这本书已散佚，可是《西域图记》的序言还保留在《隋书·裴矩传》里。书里提到有三条道路通向西面，就是三条丝绸之路，有走天山以北的，有走天山以南塔里木盆地北沿的，有走塔里木盆地南沿，然后翻过帕米尔高原，直到罗马帝国的。他说三条路"总凑敦煌"，是为"咽喉之地"，就是说丝绸之路从中国出去，最便捷的往西方的道路怎么走都躲不开敦煌。这样我们也就知道敦煌为什么在丝绸之路上这么重要，为什么有这么丰富的内涵，敦煌的壁画和藏经洞出土文书里为什么有这么多的异域色彩，这个都跟它的地理位置有着最直接的关系。

　　所以在隋唐时期，我们在敦煌就可以看到佛教的壁画，但是你看那些菩萨身上戴的首饰，他们拿的那些金银器，以及比如莫高窟第220窟那些跳舞的歌舞伎，那些珍禽异兽和玻璃器皿，这些实际上都是西方的舶来品。菩萨身上穿的那些服饰，纹饰是西方的纹饰，比如联珠纹，隋代的菩萨和莫高窟的龛沿的装饰都用了这种纹饰，为什么呢？因为波斯的影响传到中国，它的纹饰也影响到了中国的服饰。还有像音乐，虽然听不见，但其实都可以在敦煌的壁画里看到这些场景，所以今天写丝绸之路是离不开敦煌壁画的。敦煌同时又是中原王朝最西边的一个城市，所以它也受到中原文化的影响，以汉文化的经典为主，建造了很多中国化的寺庙。唐朝时期以老子为先祖，大力弘扬道教，又建立了道观。从武则天时期到唐玄宗时期，应该是敦煌在丝绸之路上最兴盛的时期，这与中国国家的兴盛期，是完全吻合的。

　　敦煌的历史里也有跟中原历史不相同的地方，那就是到安史之乱之后。在公元755年安禄山叛乱之后，唐玄宗逃到了成都，他的儿子——后来的肃宗跑到了灵武,然后召集部队跟安史叛军对抗。这个主力部队除了北方的朔方军,还有就是从河西走廊和安西四镇,即从新疆和河西(现在的甘肃)这些地区调来的部队。这时候整个河西走廊唐朝的部队就空虚了,青藏高原的吐蕃王国就趁虚而入,先从河西走廊的东边来攻打凉州,然后从凉州开始,一步一步地向西打,最后在公元776年包围了沙州,就是敦煌。在吐蕃攻打河西走廊的各个城镇的时候,河西走廊能够跑得起的那些大家族,那些大的军事将领,那些高官显贵,都一步一步地退缩到了敦煌城里。

随后吐蕃围了敦煌城大概十年,始终没有攻下。按照吐蕃的兵力是可以攻下敦煌城的,但是敦煌在吐蕃看来是一个佛教的圣城,吐蕃的赞普也信佛,所以他没有直接攻。史书上留下了八个字,一是"勿徙他境",就是敦煌的老百姓跟吐蕃的军事将领协商,说如果你们不把我们迁走,我们就投降;二是"寻盟而降",即立了盟誓投降。敦煌这个地方,跟别的地方都不一样,就是安史之乱以后,即吐蕃占领以后,凉州原来是河西走廊最大的都会,从此衰落了,而敦煌为什么有力量后来变成一个归义军节度使,相当于一个地方王国的力量,就是因为吐蕃从东往西打的时候,把所有的人才都归聚到了敦煌的城里头,其中就包括一个叫昙旷的人。昙旷这个大和尚是什么人?他其实是玄奘的再传弟子,即玄奘徒弟窥基的弟子。他是武威人,当时回家乡教书的时候,吐蕃军队来了,他没法往长安跑,就跑到了敦煌,所以吐蕃占领敦煌之后,赞普做的第一件事就是请昙旷去拉萨给他讲经,他有些不明白的地方想让昙旷讲。昙旷说,他都70多岁了,走不动了,所以有什么问题就写下来。我们在敦煌卷子里看到的《大乘二十二问本》,就是吐蕃赞普把每一个问题写下来,昙旷在下面答,后来变成一本书，现在有多个抄本。

就这一件事，我们就可以知道敦煌当时实际上在丝绸之路上从五凉时期到吐蕃统治时期，又到了一个兴盛期。到了公元848年，因为此前吐蕃内乱，河西走廊上各政权纷纷独立。这时候沙州有一个土豪，叫张议潮，他带领着蕃汉民众把吐蕃的占领军赶跑了。他向唐朝报告沙州收复以后，又把周边的几个州县都收复了。按照中晚唐的制度，张议潮被任命为归义军节度使。从公元848年一直到西夏灭掉归义军，大概有100多年的时间，是所谓归义军时期，它是跟唐朝体制相同的一个地方政权，但是这个地方政权实际吸收了吐蕃的文化，又吸收了汉地和中西交往的文化。

我们知道，吐蕃统治敦煌这个时期，主要是因为吐蕃更信佛，所以道教没了，儒家经典还存在，但是更重要的是佛教大发展，所以佛教一下子跃到了整个文化的第一位。原来敦煌有13座寺庙，后来增加到了17座，僧尼也从300多人，一直增加到数千人。到归义军和吐蕃政权交替的这个时间里，敦煌的僧尼人数大概占当地总人口的十分之一。吐蕃时期对于敦煌的佛教发展是关键时期。敦煌莫高窟在吐蕃时期和归义军的早期造了很多大窟。所以有的人说这是敦煌石窟的一个中兴期，这与"勿徙他境"以及吐蕃一直把敦煌作为一个文化中心来建设都颇有关系。

第一任节度使张议潮有一个老师叫法成。法成是吐蕃人，而且是一个三藏法师。三藏法师必须通经律论三藏，就是不管问到哪一部佛经都能说出名堂来，这是相当不容易的。法成是当时整个吐蕃帝国屈指可数的几个大法师之一，后来张议潮虽然把吐蕃的守军将领打跑了，但是把这个三藏法师法成留在了敦煌，继续讲经。敦煌的佛教沿着吐蕃时期的情形延续下来。公元848年建立了归义军政权之后，一方面就是恢复唐朝的制度，因为有些行政体制，已经改成吐蕃的了，要恢复。另外一个就是要扫平周边的势力。而到了公元914年，张氏统治的归义军就变成了曹家统治了，这个时期河西走廊和塔里木盆地天山东部地区吐蕃退出之后，各种势力的争斗慢慢达到了一个稳定时期。沙州的归义军节度使主要的占据地是沙州和瓜州，归义军政权进入了一个和平发展的时期，就是所谓曹氏归义军时期。这个时期的丝绸之路又重新恢复交通，东往西来的僧人又出现了。过去学术界经常说吐蕃占领了河西走廊之后，就把河西的这条路给断了，像过去梁启超写中国和印度的取经历史，说这以后就没有人去西天取经了。实际上今天我们从敦煌文书里看到吐蕃也是信佛的，所以并不会阻挡僧人的西去，所以会有大量僧人继续取经。特别是到了公元10世纪，由于曹氏归义军对于这些往来的僧侣给予非常好的招待，所以又有大量僧人来来往往。我们可以在敦煌卷子里看到好多这样僧人的形象。其中有一个僧人智严，他拿着一部《大唐西域记》作为旅行指南，在公元924年前后到了敦煌，给敦煌的老百姓讲经，而且去巡礼了莫高窟，还留了一个巡礼的后记，说他将来要是西天取经成功回来之后，一定要到五台山去供养文殊菩萨，感谢一路保佑之恩，这也反映了在五代时期五台山的文殊信仰的兴盛。从中晚唐之后，五台山的文殊信仰就变成了中国佛教民众的一个普通信仰，这个信仰也逐渐进入了敦煌。建于归义军节度使曹元忠统治时期的莫高窟第61窟，又叫文殊堂，它的主尊不是释迦牟尼，而是文殊师利菩萨，而且背屏是完整的《五台山图》。原因是什么？就是因为有文殊信仰，所以东边的文化在这个时期从中原传到了敦煌，把整个五台山画进了敦煌洞窟。一进洞窟，尊拜的就是五台山供养的最重要的文殊菩萨，《五台山图》中各大寺院历历在目，让人仿佛身临五台山。

另外，由于僧人不断东西往来，也给敦煌留下了很多西方传来的东西。今天我们在敦煌莫高窟的藏经洞里发现了很多所谓入破历，就是财产的出入账；还有很多什物历，就是敦煌的寺庙里保存的那些物品清单。这些物品中有一类就是供养具，作为佛教的供养具，它们很多都是从波斯、吐蕃、于阗、粟特这些地区进口过来的。我过去写过一篇文章叫《于阗花毯与粟特银盘》，里面就详细说明了这些。法门寺的地宫里也保存着很多原来寺庙里的财宝。敦煌的每座寺庙都集中了一些财宝，而且敦煌藏经洞的文书中，也保留下了关于这些物品的账单。

尽管经历了千年封存，但藏经洞从来都不是"死"的。这里面有大量佛教文献，同时还有摩尼教、基督教、景教、犹太教等的文献；有各种各样民族语言的文献，比如粟特文、于阗文、回鹘文等。这些都表明了敦煌是一个国际都会。我们把这些文献跟敦煌的壁画联合在一起来看的话，还可以呈现出到公元10世纪繁盛的丝绸之路的面相。从中原材料来讲，这个时期的中原是辽宋，后来金和宋交战，宋室南迁，所以如果仅看宋代材料，西北地区是一片荒凉，丝绸之路好像断绝了一样。但如果看敦煌的资料，可以发现丝绸之路不仅没有断绝，而且仍然是非常辉煌的，留下了很多丝绸之路上往来的书信、账单这些材料。但是到了10世纪以后，喇嘛教进入敦煌，然后西夏占领了一段时间，到了蒙古时期，莫高窟整个崖面已经满了，没有地方再开新的洞窟了，除非是没有人管的洞窟，别人可以把上面的画盖掉，再画新的画。另外，莫高窟藏经洞封闭了以后，现在还没有找到另外一个藏经窟，所以我们不知道这此后有关的记录。相对而言，宋代的敦煌资料跟唐代完全没法比，对于这段时期，我们只能说有很多情况都不可考。但是到了蒙古灭掉西夏以后，敦煌又迎来了一个新的时代，因为马可·波罗就是经过这里进入中国的。他为什么走敦煌，就是因为有商业路线可以走，他不是一般的旅行者，而是一个商人。由此在蒙元时期，敦煌又迎来了一个高潮时期。但是到了明代，因为修了嘉峪关，道路更偏北，敦煌在丝绸之路上的地位逐渐衰落，在整个明代的中晚期都是如此；直到清代，才又重新恢复了丝绸之路上的地位。

第三章　敦煌飞天艺术

赵声良

敦煌研究院党委书记

一、飞天是什么？

在很多人的印象中，说到敦煌艺术，总会想到敦煌飞天。实际上飞天在佛教中并不是主角，比起佛、菩萨等尊像来，飞天简直就是十分不重要的人物，他们只是佛和菩萨的陪衬。

飞天是一种俗称，而不是专门的佛教名词。在佛经中不容易见到"飞天"这个词，而多是讲"天人""诸天"。"天"是佛教中一个独特的概念，是指佛国世界里的天部诸神。在天龙八部中，乾闼婆与紧那罗是主管音乐舞蹈之神，这两类天神多表现为飞天的形象，所以有人认为飞天就是指乾闼婆与紧那罗。佛经中又记载，当佛说法的时候，常常有天人、天女或作散花，或作歌舞供养。

如《大庄严论经》中讲到尸毗王舍身救鸽之时：

天人音乐等，一切皆作唱。……

虚空诸天女，散花满地中。……

《佛本行集经》中讲太子出家之时：

> ……上虚空中，复有无量无边诸天百千亿众，欢喜踊跃，遍满其身，不能自胜，将天水陆所生之花散太子上。

从以上所举的佛经记述，我们知道在有关佛的本生故事、佛传故事以及佛说法时的情景，往往有诸天人、天女作歌舞供养。这些天人、天女如果飞行于天空，以绘画的形式表现出来，就是我们在敦煌壁画中所看到的飞天了。

早在佛教产生之前，古印度的神话传说中就已经有不少天人、天女的传说。古印度称"阿卜莎罗"（Apsara），就是指天女。印度最古老的史诗《罗摩衍那》中记载创世之初的"搅海"故事，就提到了由于搅海而出现了天女。在诗篇中，天女是水之妖精。阿卜莎罗作为天上的美女，有着很多的爱情传说故事。所以，在后来的佛教艺术中，也自然地吸取了印度古代传说中的天女阿卜莎罗的形象，而且往往是成双成对地出现的，表现阿卜莎罗这个充满了爱情故事的形象。

在古印度的美术中，飞天也很常见。大约建于公元前2世纪的巴尔胡特佛塔的栏楯浮雕中，就有不少飞大的形象。人们往往在佛塔或菩提树上部雕刻出飞天的形象，有的飞天还长着翅膀。

在山奇大塔的雕刻中也有类似的飞天。著名的阿旃陀石窟中也有雕刻或绘画的飞天形象，如第4窟、第11窟龛内的主尊佛像两侧上部，就可以看到对称的飞天。第4窟的飞天身体弯曲，像小孩一样可爱，手持花环，向佛飞来。第11窟的飞天则是一条腿向前跨，一条腿向后高高地扬起，动作幅度很大。在阿旃陀石窟第1窟、第2窟等窟的门外列柱上，雕刻了成对的飞天，通常是男女成组，大多是裸体。这种男女成组的飞天形象在印度艺术中成了十分普遍的形式。第2窟窟顶壁画中也有男女成组的天人。通过印度式的晕染法，人物描绘得十分写实，特别是男女成组的形象，表现两人依偎在一起，好像一对恋人。

随着佛教传入中国，飞天这一形象也伴随着佛教艺术传入了中国。我们从中国西部新疆地区的石窟到敦煌、河西地区，一直到中原地区的石窟寺或者散见的佛教雕刻、壁画中，都可以看到飞天的形象。

飞天在中国，其数量及表现的普及程度已远甚于印度，在表现形式上也与印度艺术大不相同，但依然可以找出印度的某些样式特征。毕竟飞天作为佛教艺术的一种形象，本来就是来自印度，不可避免地带有印度的痕迹。如双飞天的形式，就是在印度较为常见的，通常表现为在佛的两侧上部各有一身飞天相对而飞，表示在佛说法时，天人们散花供养的场面。还有一种双飞天，就是两身飞天紧靠在一起飞。在印度多表现为男女成对在一起。这两种形式的双飞天都传入了中国，但那种男女双飞的形式有所改变，再也看不出男女的区别了，而是都表现出非男非女的形态。从双飞天形式在中国的变迁，正可以看出中印两国审美精神的差异。印度所欣赏的那种带有性爱特征、表现形式上又注重肉体感观之美的双飞天，在中国几乎消失殆尽，而代之以中国的飞天形象，表现出自魏晋以来对神仙境界的追求，在形式上则追求一种流动、飘逸之美。中国画流畅舒展的线条美在飞天身上表现得淋漓尽致，这正是中国艺术所追求的美的所在。

二、中国的神仙思想及敦煌早期飞天

印度的天人一传入中国就很快流行起来，这与中国传统的神仙信仰密切相关。

古代的中国人认为人死后是可以升天，从而成为神仙的。很多文学作品都描绘了神仙的传说故事，如《楚辞》《山海经》《淮南子》等。在绘画中，自先秦时代就已经开始表现升天的内容，如长沙出土的两幅战国时期的帛画，其中一幅画表现出的墓主人，是一个细腰长袍的女性形象，在她的上部画有飞腾的龙、凤，表现的是死者的灵魂在龙、凤的引导下升上天空。同样的主题，在汉代的绘画中得到了更广泛的表现，如马王堆一号墓出土的帛画《非衣》就描绘了墓主人一家升天的内容。洛阳出土的卜千秋墓中还有《升仙图》，表现出了太阳、月亮、伏羲、女娲、东王公、西王母以及持节仙人、三头凤、奔狐、长蛇等形象。

魏晋南北朝时期，这种对神仙的描绘仍然很普遍，在酒泉出土的丁家闸五号墓（东晋墓）中，就可以看到墓顶显要的位置上画出了东王公、西王母以及飞马、奔鹿等形象。在墓室南顶还画出一个羽人的形象，他正张开双臂飞行于天空，他的肩上有翼，裙子上也显出羽片的样子，这大约就是中国古代所认为"羽化升天"的样子。在南方，顾恺之等画家也常常画出一些神话传说故事，其中也不免要画出飞行的神仙形象，如著名的《洛神赋图》中的洛神形象等。

佛教传入中国初期，中国的百姓往往用传统的神仙思想来理解佛教，因此，佛教的飞天，往往会被看作是仙人。比如唐代一些描述寺院壁画的诗文都会把佛教的"飞天"记录为"天仙""仙人""仙女"等。因此,佛教的飞天在中国"走红"也是有其社会根源的。

正因为如此,飞天就没有完全按印度传来的样子表现,而是很快被中国的艺术家改造成了中国式的飞天。从敦煌早期壁画中,我们可以看出来自印度的飞天这一形象在中国逐步转变的历程。

敦煌北凉北魏时代的飞天形体较强健,受印度、西域风格影响,身体呈V字形,转折强烈,由于身体强壮,有一种沉重之感。飞天多画在佛龛内或说法图中,佛的两侧上部往往相对画出两身或四身飞天,如第254窟中心柱正面佛龛上部两侧各有两身飞天,他们上身半裸,斜披天衣,下着长裙,但露出赤脚,飘带绕着双臂飘下,在飘带的末端形成尖角。身体转折较大,差不多形成90度直角,显得力量有余,柔软不足。

西魏第249窟窟顶出现了中国传统的神仙——东王公、西王母及相关的朱雀、玄武、雷公、电母等形象,而佛教的飞天也与具有中国神仙思想的飞仙一起飞翔在这个奇妙的天国世界中。如画在南披的西王母,在凤辇的前后各有一身飞天、一身乘鸾仙人。画面上仙人、神兽、祥云、飞花,充满了飞动的气氛,以此烘托出仙境的场面。类似的表现我们也可以在西魏第285窟的窟顶上看到。此窟的窟顶表现的主题是中国古代传说中开天辟地之神——伏羲、女娲以及相关的雷神、风神等,飞天也与这些神仙一起出现在云气飞扬、天花飘飘的空中。从第249窟、第285窟的窟顶壁画中,可以看出佛教的飞天与中国传统神仙完美地结合在一起,共同表现出神仙思想。而这种神仙思想出现在佛教的洞窟中,实际上反映了当时中国人对佛教的认识。

在第285窟南壁还画出了十二身飞天，均上身半裸，下着长裙，头梳双髻，面庞清秀，面带微笑，有的弹奏着箜篌，有的吹着横笛，有的一手支颐，一手前伸，显得矜持而娴雅。这种秀骨清像的特征体现了汉晋时代崇尚清瘦的审美风范。

第249窟南北壁的说法图中，分别在佛的两侧相对画出四身飞天，下部飞天身体强壮，上身半裸，下着长裙，身体弯曲成圆弧形，形成一种强烈的张力，这是西域风格的飞天。上面的飞天则穿着宽大的长袍，身体清瘦，飘带也画得细腻。这就是中原风格秀骨清像的特征。这两种截然不同的飞天，一粗犷一纤细，又和谐地组合在一起。从绘画上来说，反映了外来的西域风格与中原风格并存的状况。

这种西域风格与中原风格并存的状况一直延续到隋朝之前。因为敦煌地处丝绸之路要冲，不断地受到来自西方和中原的文化影响，在北周时期的一些壁画中，我们可以看到典型的西域风格，如莫高窟第428窟是一个大型的中心柱窟，窟内壁画基本上采用西域式的画法，在窟顶的平棋图案中，往往在四角画出四个飞天的形象，这些飞天体格健硕，动态强烈，而且在窟顶后部的平棋中还出现了一些裸体飞天，身体比例适度，动态自然。裸体飞天在印度是十分常见的，但到了中国以后，出现较少，在新疆的克孜尔石窟等处，还可以看到一些裸体飞天，但在其他地区基本上没有出现。

同为北周时代的飞天，我们在第290窟、第296窟则可以看到中原式的风格，即身体清瘦、动态柔和，画法上以线描为主。从北魏到北周，总的倾向是中原风格逐渐占主导地位，外来的飞天形象逐渐改造为适合中国人欣赏习惯的飞天了。

三、隋代的飞天

　　隋代画家对飞天的描绘已经十分娴熟，把西域式画法与中原式画法结合在一起，既能表现出中国画特有的线描特征，又在色彩晕染方面十分和谐，而且通过飞天创造一种洞窟的视觉气氛，增强了洞窟作为宗教艺术的感染力。

　　隋代飞天多以群体飞天的形式出现，如第390窟、第420窟、第423窟、第427窟等都在四壁上部接近窟顶的地方画出一道装饰带，其中飞天一身接着一身向中央佛的方向而飞行，这些飞天小巧玲珑，灵活多姿，加上飘带简练流畅，造成一种快速飞行的气氛。由于变色的原因，底色形成了深褐色与蓝色交织的状况，犹如一道奇妙的色光，使这些飞天透出一种不可思议的神秘感。又如第404窟的四壁上部，画家以蓝色作底，并有意表现出颜色由浅到深的变化，具有光的自然效果，非常真实地表现出飞天轻盈地飞行于天空的情景，如北壁上部这两身飞天，头梳双环髻，前一身飞天穿着大红的长裙，回头吹奏着笙，显得很悠闲；后一身飞天穿着黑色长裙，一手托着一朵莲花，虔诚地向前飞云，在蓝天的背景中，有一种脱壁欲出之感。

　　隋代的艺术家对飞天的喜爱和描绘达到高峰，在佛龛上、藻井中、说法图中和四壁上部等很多地方都画满了成群结队的飞天，在装饰画、藻井图案中，飞天往往与其他形象相配合，相得益彰，创造了很多杰出的作品。

　　隋代第305窟窟顶南北两壁分别画出了东王公、西王母等形象，这一题材在西魏时代已经出现，但在这里，飞天的形象则大量出现了。如南披的西王母的凤辇前，上部有一身羽人引导，前面还有两身飞行的比丘，下部是三身飞天，各托鲜花飞去，凤车后面则是四身飞天飞舞着跟随，飞天拖着长长的飘带，与天空中的彩云和天花相伴，急速向前飞去，呈现出浩浩荡荡行进的趋势。北披的东王公龙车前后也表现了与南披一致的飞天及气氛。东西两披的布局大体一致，都在中央画摩尼宝珠，两边各有四身飞天向着中心飞来。这样，窟顶画出了几十身飞天，在彩云飘扬、天花飞舞的空中，构成了一个飞天的世界，使整个窟顶的空间变得无限辽阔深远。

画在佛龛中的飞天也同样富有气势，第420窟正面龛的龛顶，共绘出十五身飞天。与四壁上部的天宫栏墙内的飞天不同，这些飞天并不是整齐排列朝着一个方向飞，而是自由自在地飞舞，演奏着各自不同的乐器，纷纷从天而降，使人目不暇接；几乎每个飞天都有不同的姿态，绝无雷同，有的柔和，有的强劲，有的迅疾，有的舒缓，各有个性。

总之，隋代画家善于表现群体飞天，通过飞天来表现空间的广阔，表现富有动感的韵律，达到了中国绘画所追求的"气韵生动"的效果。

四、唐代前期的飞天

如果说隋代飞天以群体的气势取胜，那么唐代以后，画家开始注重单个飞天的动态与性格描绘。特别是对飘动感觉的刻画，画家努力通过飞天的身体、衣饰、飘带以及外在的云等背景来衬托一种动感，又在动感中表现一种气氛，使壁画中的人物不再是静态的，不是把动作的瞬间凝固住了，而是通过画面来给观众展示出一个动的过程。

初唐的飞天不像隋代那样飞得急速，而更多地表现出一种悠闲感。在第329窟的龛顶两侧，分别画出佛传故事《乘象入胎》和《夜半逾城》，表现的是摩耶夫人因梦见白象而怀孕生下了释迦牟尼，以及悉达多太子为了修行而出家的情节。龛顶右侧画面中，画出一菩萨乘象奔驰，前有乘龙仙人引导，前后有二菩萨侍立，又有雷神、风神跟随，前面有四身飞天迎着菩萨，或托花供养，或演奏音乐，载歌载舞，姿态优美，天空弥漫着流云和鲜花，有一种热烈而欢快的气氛。龛顶南侧画面中，悉达多太子乘马而行，前面也有乘龙仙人引导，后有风神雷神，前面也有四身飞天欢快地歌舞，后随二身飞天持花供养，伴随着彩云、鲜花，飞天们身体柔和，动态优雅。

第321窟在佛龛顶部画出天宫栏墙，沿着天宫栏墙有一群体态婀娜的天人，神情悠闲逍遥，有的在朝下散花，有的则好奇地看着下面的人间世界。正如唐诗中所写"飘飘九霄外，下视望仙宫"。佛龛上部以深蓝色画出天空，在靠近佛背光的地方，菩提树前相对画出两组飞天，右侧的飞天均一手托着花蕾，一手自然展开，长裙衬托着柔和的身姿，长长的飘带随风飞舞。左侧的飞天与右侧相对，也是身体朝下飞来，一手拈花蕾，一手轻柔地散花。这两组飞天体态自然而柔和，每一条飘带、每一个动作都显得那么完美。

盛唐时代是敦煌艺术的黄金时代，飞天的描绘也表现出成熟而完美的特点。第172窟西壁佛龛顶部，在华盖两侧各画出两身飞天，华盖右侧的飞天，一身头枕着双手，身体舒展，怡然而上，仿佛鱼在水中游过，另一身头朝下，双手捧着花蕾，飘然而下。这两身飞天一个向上，一个向下，身旁的彩云也随着不同的方向翻卷，形成一个充满动势的结构。

本窟北壁的经变画中几身飞天好像在不停地飞行，右上角的那身飞天仿佛刚从地面腾空而起，手托莲花正要献给佛陀，与他相对的右侧一身飞天也同样，双手张开，手托着莲花，一条腿轻提，正向上飞升。靠近中部也有两身飞天从不同的方向向着中央大殿飞去，右侧这一身飞天一手向前一手向后，好像是以很快的速度飞来，左侧这一身飞近楼阁，双手合拢，身体呈半蹲状，好像正要着地。这些身姿轻盈的飞天在辽阔的天空自由翱翔，令人不禁想起李太白的诗："素手把芙蓉，虚步蹑太清。霓裳曳广带，飘拂升天行。"

第320窟南壁佛说法场面的上部画出四身姿态优美的飞天，以宝盖为中心，分两组相对画出。左侧这一组，前面的飞天头梳双丫髻，双手上举，正在散花，她的面庞微微向后，漫不经心地看着后面的飞天，长长的锦裙紧贴身体。后面这身飞天双手高举，一条腿提起，一条腿伸直，动作强烈，好像正努力追赶着前面的飞天。一紧张，一舒缓，富有戏剧性。右侧的两身飞天形式上与左侧一致，两组飞天都是裸着上身，穿着长长的锦裙，双脚藏在长裙中，结构单纯而完美。画家通过一张一弛的对比统一，表现了飞天的两个典型动态。

第217窟北壁的《观无量寿经变》通过亭台楼阁表现佛所居住的宫殿，其中表现飞天在天上飞，我们可以感受到他飞过的轨迹。一个飞天从高楼的窗户间穿过，他的飘带随着彩云还留在这个房间里，就好像一个电影的慢镜头，刚从里面出来，后半部分还留在里面。经变画右边的飞天也是一样，从亭子间穿过，往上飞。唐代画家成功地表现了一个动态的过程，让我们感受到飞天悠然飞过的一段美好时间。绘画本来是静止的，是凝固的一个场面，但唐代画家通过视觉形象，让这个静止的画面活起来了。

五、唐代后期及唐以后的飞天

中唐以后壁画中的飞天身体趋于肥胖，但仍表现出雍容的气质，经变画中的飞天与盛唐壁画中一样，小飞天穿梭飞行于佛国世界的宫殿楼阁之间，人物形象较小，画得更为小巧精致，如第159窟南壁西侧的《法华经变》上部两侧各有三身飞天，乘着彩云飞速地向中央飞来，靠近中部宝塔的几身飞天则双手上举，半跪在云中。中央的《阿弥陀经变》上部有两身飞天，双手上扬正向上飞行，这些飞天形体虽小，却刻画细腻，真实地表现了飞天的不同动势。

第158窟配合大型涅槃佛像，画出了《涅槃经变》的内容。本窟的《涅槃经变》突出地表现众弟子及世俗人物因释迦牟尼的离去而悲伤的场面。据《大般涅槃经》记载："尔时，帝释天及诸天众，即持七宝大盖……无数香花、幢幡、璎珞、音乐、微妙杂彩空中供养。"根据这些内容，壁画的上部还画出了不少飞天，有的双手托花，跪在云间；有的弹奏乐器；有的在空中散花。他们都神情庄重，飞行缓慢，与经变的气氛一致。特别是西壁的一身飞天，表情忧郁，双手持璎珞，缓缓地飞下来，表现一种哀悼之情。这些都反映了中国人按中国式的思想来理解和表现涅槃这一主题。

晚唐以后，在窟顶藻井周围画出一周飞天的形式较为流行，并形成了一种模式。第161窟窟顶的藻井较为特别，井心画的是一身千手千眼观音菩萨。观音坐在莲座上，他的千百只手形成一个圆圈，像一个美丽的光环。观音两侧上部画有两身向上飞升的飞天，左侧的飞天两手伸开散花，右侧的飞天正吹奏着横笛，形象生动，色彩绚丽。在藻井四边各画出四身伎乐飞天，分别演奏着笙、排箫、笛、琵琶、腰鼓等乐器，他们一身接着一身飞行，不同的演奏姿态，不同的飞行动作，显得充满了活力。画家还在一列飞天之中画出一些特别的形象，造成一定的变化。如东披的飞天，三身面向观众，而第二身吹笙的飞天则画成侧面形象，表现出专注的神情。南披四身飞天中，右起第一身飞天，双手握箫吹奏，身体向后倾，背向飞行方向，显得很悠闲。第二身飞天弹奏着琵琶，头朝下，倒着飞行。这些别致的形象打破了整齐划一的格局，使画面富于变化。

五代以后，莫高窟虽然仍在持续不断地开凿，甚至还开凿了不少大型洞窟。但由于与中原文化交流较少，在壁画艺术上没有更多的创新，飞天的描绘也呈现衰落的景象。西夏到元代，随着政权的更替，来自少数民族地区或者内地的艺术影响到了敦煌，出现了一些特别的画法，但数量不多。如第97窟正面佛龛中，在菩提宝盖两侧对称地画出两身童子飞天，都是秃发，在头两侧有小发辫，前额垂下两道红带子，身穿一种兽皮制的背带衣服（类似背心的服装），脚穿红靴，这些都表现出回鹘民族的一些特征。两身飞天都面形丰满，略显出儿童的稚气，一手托着盘中的花朵，一手扬起散花，彩云簇拥，飘带翻飞，映衬着孩童特有的丰腴的肌肤，使画面中的飞天颇有情趣。

元代第3窟的飞天也是以儿童的形象来表现的。在南北壁千手千眼观音像的上部两侧，各有一身飞天。南壁的飞天或跪或蹲于彩云上面，手托鲜花做供养状，神情虔诚。北壁的两身飞天较活泼，西侧这身飞天一手握着两枝长茎莲花，另一手托着一个花蕾，或从云中下视，或身体倾斜，正往下飞来。这四身飞天身体较短，形象丰满，色彩浓丽，画家强调的是那种儿童的天真可爱。

以上，我们按时代顺序对敦煌飞天做了简要的介绍，从中我们可以看出来自印度的飞天，随着佛教的传播而在中国发展、演变的状况。敦煌壁画中飞天可以说是无处不在，画家们以极大的热情来描绘飞天，飞天的存在使严肃的宗教绘画变得富有情趣、生动活泼起来。敦煌飞天的造型与印度那种写实性较强的飞天不同，更强调一种理想的形式美，一种流动之美。长长的飘带辅以流云，形成了一种飞动的韵律。这种形体的流动又如书法一般，通过线条的流动感而体现出一种畅快而生动的气韵。可以说，敦煌飞天艺术是中国艺术家改造外来艺术创新的成果，是中国人物画艺术中的一朵奇葩；它介乎似与不似之间，真实与理想之间，体现了中华民族所追求的审美精神。

第四章　敦煌人物画艺术

赵声良

敦煌研究院党委书记

　　在敦煌壁画中，人物造型是绘画中最重要的方面。宗教绘画是造神的艺术，而神（这里指佛、菩萨、弟子及诸天等）的形象总是与普通的人密切相关。在人类历史上，不同的宗教总是会想象出各种各样超越于自然人的神灵，然而无论把神灵想象得如何离奇，当人们以视觉形象来塑造神时，也始终不能完全脱离人的形象，因为在社会生活中，能够与人进行交流、沟通，共同生活的，依然是人。所以，造神，实际上是把人的力量和才智加以理想化的结果。最终表现在视觉形象上，依然是人的形象。

　　佛陀释迦牟尼是历史上真实存在的人。他本来是一个王子，由于对人生意义的思考，决定出家修行，最后走向了成佛的道路。所以，佛教艺术中的佛陀和菩萨，从一开始就充满了人性。在古代印度早期佛教雕刻与绘画艺术中，佛就是修行得道者的形象，菩萨兼有贵族人物和出家修行僧人的形象。后来，由于佛教教义的发展，佛像的"神性"在不断增加，如菩萨的形象就出现了六臂、十一面、千手千眼的菩萨等，但作为佛与菩萨或天人的基本形象仍然具有普通人的特点。因此，佛教绘画中的佛像、菩萨像造型，实际上反映了人物画的造型特征。

一、早期壁画中的"西域风格"人物画

在汉代和汉代以前，中国的人物画已经有了较长时期的发展。但是，我们还没有发现画家对人体表现（特别是对人体结构的表现）有某种规律性的技法，只是以线描对外形轮廓的描绘，这一点直到魏晋时期的墓室壁画中，仍然没有在人体造型上有所突破。佛教绘画的传入，无疑是第一次传入了全新的绘画手法。主要是在人物造型上出现了相对准确的画法。

从宗教的要求来说，当时一定要按照从印度、西域等地传来的样本进行模仿制作，因为那是"正宗"的。但是由于当时传入中国的佛教绘画样本不足，很多情况下只能由本地的艺术家们根据佛经的要求，通过自己的想象来创作。所以在最初的佛教壁画中，就出现了外来的艺术与本土艺术杂糅的状况，如炳灵寺第169窟的壁画就可以看出对西域传来的技法尚未完全掌握，又同时带有浓厚的本土风格。

敦煌由于地接西域，随着丝绸之路的繁荣，佛教很早就在这里发展，到了莫高窟开凿的时代，已形成了较成熟的壁画与彩塑艺术。从时代最早的北凉第268窟、第272窟、第275窟可以看出，洞窟的彩塑与壁画有着完整的构思和细腻的刻画。只是由于时代久远，大部分壁画颜色脱落或者变色，这种褪色或变色后的面貌，常常会给人一种"稚拙、粗犷"的错觉；但即使是变色的壁画，从身体部分的色彩层次中也可以分析其最初的一些技法特点。

我们以北凉时期第272窟为例来说明敦煌早期外来风格的人物画。

龛内南侧的胁侍菩萨像，面部造型以眼睛为中心进行晕染，晕染的范围一直延续到面颊，沿面部轮廓边沿进行晕染，上部发际边沿可看出表现鬈发的形式。上半身分出块面，胸部分成两个较大的圆形进行晕染，以乳头为中心进行圆形的晕染，腹部形成较大的椭圆形，是以肚脐为中心进行晕染。北魏以后壁画中的菩萨、天人形象，大体与第272窟的晕染方法一致，只是身体逐渐拉长，身体结构的简化和形式化是一个总的趋势。

第254窟北壁的尸毗王本生故事中，尸毗王的形象是画面的中心，这是画家精心绘制的主要人物。尸毗王左腿盘起，右腿自然下垂，这种游戏坐式表现出人物从容自然的神态，上半身微微向后倾，左手扬起，似乎在挡住正在追逐鸽子的老鹰，左手托着鸽子。整个身体呈S形弯曲。尸毗王的身体表现经过了精心的晕染，变色后的今天，依然可以感觉到色彩层次的丰富和刻画的细腻。类似的造型，我们在克孜尔石窟第110窟佛传故事画面中也可以看到，但其源头是可以追溯到印度的。如果与印度阿旃陀第1窟壁画中的莲花手菩萨相比较，可以看到在人物形态、结构及身体肌肉的晕染方法上非常一致。

从印度、西域传来的人体表现和色彩晕染方法，在新疆克孜尔石窟等地的壁画中保留了较多的外来特点，传入敦煌后，在北凉、北魏时期莫高窟壁画中采用较多，但是敦煌壁画并没有严格按照印度的画法，往往表现得有些概念化。特别是北魏以后，人物形象逐步变得清瘦,身体的表现趋向平面化,西魏以后,由于中原风格的大规模传入,人物形象的表现产生了较大的变化,中国式画法逐渐成为主流。

二、早期壁画中的"中原风格"人物画

前面讲过,敦煌早期壁画中包含着外来的和本土的两种绘画因素。外来的画法,主要指印度和中亚传来的风格。本土的画法则有两个方面:一、汉晋以来流行于敦煌地区的人物画法;二、北魏晚期从中原传来的新样式。

自汉朝建郡以来,强大的汉文化就源源不断地传入了敦煌,并在敦煌形成了较深厚的文化积淀,从敦煌出土的魏晋墓以及汉代以来与敦煌属于同一文化圈的酒泉、嘉峪关等地出土的魏晋墓中,就可以看到不少壁画遗迹。画家往往能通过寥寥数笔,就把握住人物的动态和精神面貌,体现出生动的形象,这一点正是中国传统绘画的一大特点,即以线描为主要特征,以表现人物的精神气韵为最高目标。

莫高窟北凉第275窟的壁画,主要的佛、菩萨形象都是按外来样式画出的,但在南北两壁的供养人形象上,则采用了中国式的画法,用简练的线描造型,平涂色彩。北魏第263窟的供养人主要以线描造型,虽然色彩较厚重,却没有采用表现立体感的西域式晕染法,特别是面部表现,以粗细变化的墨线,表现出眼睛和嘴角的微妙特征。显然,当时的画家是把佛像与供养人像分成两个类型来处理的,佛像是必须以外来的手法表现的,而供养人本来就是本地人物,人们已经习惯了传统人物的绘画形式,所以采用了与佛像不同的方式。

西魏第285窟的壁画中出现了全新的佛像造型,在洞窟北壁、东壁的说法图、南壁故事画以及窟顶壁画中,不论是佛、菩萨形象还是世俗人物形象都一改北魏以前的作风,完全以中原式的人物面貌出现。这种新风格的突出特征在于人物造型修长,衣饰繁多。就是所谓"秀骨清像"与"褒衣博带"的特征。在绘画技法上,注重笔法,通过线描的变化来表现人物的肌肤和衣服、装饰物等的质感,特别是面部造型,对眼、眉、嘴唇的细微特征有细腻的表现,体现出中国人的性格和气质。此外还有如下一些特点:

(1)用衣服、飘带的末端表现装饰性。衣裙垂下的边缘和飘带末端都形成了尖角。与西域式画法讲究写实的立体感正相反,追求的是一种平面的装饰美。

(2)对动态与"气韵"的追求,往往通过眼神的变化、手势的动态以及袈裟垂角飘举的形态来表现其中的动感。

(3)注重线描造型,用笔劲健、挺拔,体现出力量感。

第285窟有大统四年、五年的题记,也就是公元538年、539年。这个时期,北魏宗室东阳王元荣从中原来到敦煌,出任瓜州(今敦煌)刺史。因而推测极有可能是元荣从中原带来一批画工,也带来了中原最流行的新风格。"中原风格"是源于南方以顾恺之、陆探微等画家为代表的画风。南北朝时期,北方的少数民族强大起来,鲜卑族建立了北魏王朝,汉民族政权(宋、齐、梁、陈)偏安于江南。但北魏孝文帝知道先进的文化还在于南方,于是进行改革,学习汉族文化,包括佛教艺术也学习南方的。孝文帝迁都洛阳,在伊水之滨开凿了龙门石窟,龙门石窟的佛像造像风格就是秀骨清像、褒衣博带,是从南朝学习的风格,于是,这种具有南朝审美风范的艺术传入北方,并在华北一带流行。我们今天把它称为"中原风格"。"中原风格"代表了中国传统文人的审美情趣。中原风格渗透于佛教艺术中，正反映了佛教艺术的中国化。

三、阎立本与唐代的写实精神

经过魏晋南北朝对外来绘画的引进和改造，隋唐时代中国的人物画达到了一个新的高度，既有成熟的写实技法，又在人物精神风貌的表现上达到较高的境界。

初唐画家阎立德、阎立本兄弟就是写实派绘画的杰出代表，特别是阎立本曾绘制《秦府十八学士图》《凌烟阁功臣图》等名作，他的《历代帝王图》等画作也广为流传，成为当时画家们模仿的范本。

初唐莫高窟第220窟（建于贞观十六年，公元642年）、第332窟（建于圣历元年，公元698年）、第335窟（圣历二年，公元699年）等窟的《维摩诘经变》中，都画出了《帝王图》与《外国王子图》。把敦煌壁画中的《帝王图》与阎立本传世作品《历代帝王图》（现藏波士顿艺术博物馆）比较，人物神态及绘画风格都存在相近的特征。帝王均着衮冕，左右有众多的大臣簇拥。尤其值得注意的是，帝王服装上的所谓"十二章"纹样，在莫高窟第220窟帝王的衮服上也表现出来，据我们研究十二章中就有七种纹样是一致的。《历代帝王图》中晋武帝形象与莫高窟第220窟壁画帝王从神态、服饰等方面非常一致。在莫高窟第220窟绘制的时间（公元642年），阎立德、阎立本兄弟已在朝廷任职，阎立本绘画深得太宗欣赏，在社会上已有相当的影响力。当时，阎立本画出《历代帝王图》，可能很快就会在民间出现不少传模仿制，甚至远在敦煌的石窟都出现了类似阎立本风格的《帝王图》。

有意思的是，在敦煌壁画中出现《帝王图》的同时，也出现了外国人物的形象。这不是偶然的，因为阎氏兄弟也擅长画外国人物。画史记载阎立德有《职贡图》，表现的就是外国使节来访的场面。台北故宫博物院还藏有传为阎立本的《职贡图》。北京故宫博物院也收藏了一幅《步辇图》，表现太宗接见吐蕃使节的形象。这两幅画是否为阎立本的真迹，尚有疑问，但阎立德、阎立本兄弟画过《职贡图》是毫无疑问的。

敦煌壁画中帝王与外国人物画面的出现，意味着阎立本风格的绘画影响到了敦煌，表明了唐代的敦煌与中原绘画的密切关系。在这个时代，敦煌一地的绘画绝不是一种地方风格，而是与中原完全一致的当时流行的风格。阎立本的意义在于他强有力的写实能力。根据有关记载，唐朝皇帝接见外国使节等重大活动时，常常会叫画师来画出当时的人物情景。可以想见，在没有摄影技术的时代，绘画担负着形象纪实的重任。而这种历史记录，对绘画的写实能力要求很高。阎立本画过秦府十八学士、凌烟阁二十四功臣等，都是当时的人物。太宗皇帝为了表彰功臣，要让画家把他们的形象画在殿堂壁画上，没有充分的写实功夫，很难胜任。

从中国绘画史来看，唐代是一个重视造型的时代。唐代艺术评论家李嗣真称赞阎立本"象人之妙，号为中兴"，强调的就是"象人"，也就是绘画的写实性。"二阎"之后，从初唐到盛唐间，按《历代名画记》记载了尚有王知慎（师从阎立本）、陈义、殷参、殷季友、法明等，都是很善于"写貌"（就是我们今天讲的写生）的画家，并以在宫中画人物而知名。

敦煌第220窟、第57窟、第217窟等壁画中表现的菩萨、弟子以及世俗人物,都十分写实,而且根据不同的人物身份,体现出不同的个性特征,使我们感受到那个时代人物画的写实精神。如第217窟龛内北侧迦叶的形象,头部、脖颈的线描明晰而有力,眼睛的表现稍有夸张却表现出老僧睿智的神情。背光旁边的一个弟子头像,描绘出长长的眉毛,而在睫毛之间露出的眼神,却同样炯炯有神。南侧表现年轻的弟子阿难则是眼睛微闭,如在遐思。画在上部的菩萨像,用色较淡因而变色不太严重,面部的色彩与线描清晰可见。有的嘴唇微微张开,好像要说什么;有的双目半闭,面色慈祥。这些富有个性的人物,画家们一定是通过对现实生活中真实人物的深入观察,才可能表现出来。

四、吴道子的笔法

隋唐以后,画家们更进一步通过形态、表情来揭示人物的内心世界。

莫高窟第103窟的《维摩诘经变》中,维摩诘坐于帐内,身体前倾,手持麈尾,目光炯炯,嘴唇微启,仿佛正在论辩的状态。这一人物形象虽然在很多洞窟都有表现,但在此窟壁画中,画家以强劲的线描,把人物的神情姿态表现得如此鲜活,十分难得。人物面部的轮廓及衣纹的线条充满韵律,包括表现胡须的细线,似乎都与人物的精神密切相关。显然画家对自己的线描笔法极有自信,为了突出线的韵味,除了衣服上有赭色、黑色和绿色染出外,身体大部分都不用色彩。

与维摩诘相对的文殊菩萨则是神情安详,右手持如意,左手伸出二指(表示不二法门),表现出从容对谈的姿态。如果说维摩诘的描绘上显示出一种强烈外张的力量，那么文殊菩萨的形象则要松弛得多，安静、从容似乎更符合菩萨的个性。而这一张一弛，在对称的画面中，也达到一种艺术上的平衡。在维摩诘下部的外国人物与文殊菩萨下部的中国帝王及大臣形象，同样也构成一种对比。外国人物排在前列的都是半裸的身体，仅着短裤，肌体外露。由于服装不统一，画面相对来说结构较松；而中国帝王及大臣们都衣着整齐，服装华丽，衣纹形成了有规律排列的线条，在视觉上造成一种紧密的气势。这一紧一松的对比，与上部两位主角的对比相呼应，使画面构成疏密相兼、松弛结合，层次丰富而完整。

这种以线描造型为主，在画面中造成完整气势，具有感染力的人物画，令人想到唐代画家吴道子的风格。吴道子被称为画圣，唐代以来的画论中，对于吴道子没有不推崇备至的。

《历代名画记》记载：

> 唯观吴道玄之迹，可谓六法俱全，万象必尽，神人假手，穷极造化也。所以气韵雄壮，几不容于缣素。笔迹磊落，遂恣意于墙壁……

吴道子绘画最受推崇的，也是他的画中最具特色的，就是用笔。他能够不用圆规或直尺而在墙壁上画出圆光和建筑，说明他运用毛笔的功夫很深。而更重要的是，他能够不满足于"象似"，而追求神韵的表现，从而达到绘画的最高境界。吴道子的作品我们现在无从得见。而在敦煌壁画中，如第103窟《维摩诘经变》这样的人物画风，却反映出类似吴道子的风格。在丝绸之路繁荣的时代，佛教的兴盛，长安、洛阳等地的画家到敦煌作画，或者敦煌的画家到长安学画之后，回到本地作画的情况是完全可能的。

吴道子画风的意义在于：线描不仅仅是用以造型的技法，线描本身的力量、流动之美也表现着一种气韵。在莫高窟盛唐到中唐的代表洞窟中，都可以看到线描艺术的成功之作。如中唐第199窟龛外北侧的菩萨像，面相丰圆满，身体略呈S形，手托一玻璃碗中的莲花。人物主要以流畅的土红线描画出，肌肤的色彩较淡，仅飘带与服装用石绿和石青染出，突出了衣饰勾勒的曲线，从而使人物充满活力而又显得十分典雅。第158窟南壁表现《涅槃经变》中的众弟子举哀场面及北壁表现各国王子举哀图景，都体现出线描的气势与形象的感染力。吴道子的另一特点，就是注重以线描造型，色彩用得简淡，有时甚至不用颜色，这与唐代壁画大多以色彩铺满全壁的风格略有不同。除了莫高窟第103窟的《维摩诘经变》外，在第199窟、榆林窟第15窟、榆林窟第25窟等窟也有部分壁画用色较少、较单一的现象。有的洞窟还有部分人物形象为了突出线描而用色极少的，如第225窟的供养人像。这些都可以看作是吴道子风格影响的结果。

尽管我们今天已经看不到吴道子的绘画真迹，但借助敦煌壁画反观唐代长安寺院壁画辉煌的状况，从中自然也就可以找到类似吴道子等画家的风格特征。

五、雍容华贵的盛唐美人风韵

莫高窟第130窟为大像窟，主尊是高达26米的大佛，其中的壁画也画得气势非凡。窟内壁画大都为西夏重绘，但在甬道南北两壁保存了晋昌郡都督一家的供养人像。北壁为晋昌郡都督乐庭瓌及三个儿子的供养像。乐庭瓌手持长柄香炉虔诚向佛，头戴幞头，身着圆领长袍，腰系革带，足踏乌靴。前面两个儿子身着褐色圆领袍，持笏而立，小儿显然还未成年，穿白色圆领袍，双手合十而立。后面侍从四人各持物而跟随在后。南壁为都督夫人太原王氏及女眷的供养像。夫人着华丽的红花长裙，肩上有帔帛，双手笼在袖中抱持香炉。身后女儿十一娘双手持花紧随其后，次女十三娘双手笼在袖中，她头上一支凤形步摇引人注目。身后的侍女达九人。这两组供养图中，主要人物形象的高度均超过2米，乐庭瓌及儿子的供养像体现出一个地方官员的气势，图中一家人华丽的着装、雍容的气质，体现出唐代贵族的风度。

盛唐洞窟如第45窟、第217窟等窟的经变画中，可以看到类似的人物表现，如第45窟南壁《观音经变》中就有形象丰满的妇女，而北壁《观无量寿经变》的未生怨故事中的韦提希夫人的形象，也是唐代贵族妇女的形象特征。第445窟北壁《弥勒经变》中表现妇女剃度场面中，也可看到丰满型的妇女，与第130窟《都督夫人供养图》中的妇女形象相似，反映了"唐人以丰肥为美"的时代特征。

以第130窟晋昌郡都督一家的供养人为代表的画法，对后世影响很大，到晚唐时期如第156窟、第196窟的供养人都画在甬道两侧，人物形象高大，表现出雍容华贵的气象。也有的洞窟中人物表现得小巧精致，脸型较圆而丰满，嘴唇较小，双目有神。如第159窟经变画中的人物形象，既能刻画出不同动态、不同表情的人物，又体现出圆熟的线描功力。

这些唐代妇女的造型与神态表现，令人想起传为周昉的《簪花仕女图》等作品中的人物，其神态与风韵非常相似。周昉的人物画，当时称为"周家样"，《历代名画记》将周昉与曹仲达、张僧繇、吴道子并举，称为佛画的四大家。画史记载周昉"初效张萱，后则小异"。张萱于开元天宝年间供职于内廷，也就是成了宫廷画师。莫高窟第130窟的时代与张萱的时代一致，艺术风格应该是受到张萱的影响。张萱传世的作品有北宋摹本《虢国夫人春游图》与《捣练图》，这两幅作品虽为宋人摹写，但从中仍然可见唐朝人物画的风采。第130窟的都督夫人供养人像体现了当时中原地区流行的张萱仕女画风。从张萱到周昉，唐代的人物画表现出体态丰满、雍容华贵的特点。而作为佛教绘画中独树一帜的"周家样"，也正是把这种世俗的人物画风格引进了佛教绘画中，形成了新的佛教壁画的时尚。

从画史来看，"周家样"对于佛教绘画的意义就是用中国式的审美精神来创作佛教艺术。这是佛教艺术的进一步中国化。从敦煌壁画的人物造型来看，早期的壁画中，佛像、菩萨像、天人像等与世俗的供养人像有很大的区别，不光是形象不同，连画法也不同。因为那个时代对佛、菩萨的表现是以印度或西域风格为正宗的。而到了唐代后期，佛、菩萨、天人的形象不再按印度、西域的画法来画了，菩萨、弟子等形象画成与普通中国人一样。中国画家充满自信地表现中国式的佛教形象，而不用担心是否跟印度不同。可以说，那是一个民族艺术自信心增强的时代。在佛教艺术的这个转变过程中，从阎立德、阎立本兄弟到吴道子、张萱、周昉等画家，都曾起过重要的作用。

中国古代绘画自五代北宋以后，把山水放在第一位，人物画逐渐不受重视，特别是到了明清以后，人物画趋向衰落。而在六朝至隋唐，人物画是绘画曾经取得过的丰硕成果。由于隋唐长安、洛阳等大都市的寺院大多不存，那个时代的壁画，特别是壁画中珍贵的人物画没有保存下来，使人们无法了解吴道子等画家的真实风格；而敦煌壁画中保存了大量的隋唐壁画，其中的人物画为我们展示出那个时代人物画的真实面貌，我们也因为敦煌壁画才能对中国绘画史有了更全面的认识。

第五章　敦煌山水画艺术

赵声良
敦煌研究院党委书记

在世界古代绘画中，把山水自然景观作为一项独立的绘画主题，并形成一系列特有的技法，只有中国。早在两晋南北朝时期（4世纪），中国已经出现了独立的山水画，并有专门画山水的画家，如顾恺之、王微等。隋唐以后，山水画得到很大的发展，到五代以后，山水画就成了中国绘画的主流。山水画的形成和发展，与中国特有的山水审美思想相关，它强烈地体现着人与自然和谐相处的意识。

一、中国传统山水审美意识

中国自古以来就强调人与自然和谐相处，绘画中往往喜欢把人物放在一定的山水背景中来表现，文学作品中描写人物、故事，也往往要以一定的山水风景来做陪衬，所谓寓情于景，情景交融。我们可以举《诗经》的一个例证来说明古人是如何表现人与自然景物的融合之美的：

蒹葭苍苍，白露为霜。所谓伊人，在水一方。

——《诗经·秦风》

在这首脍炙人口的古诗里，一句"在水一方"，意境十分深远。诗中实际上描绘了一幅画面：近处是芦苇（蒹葭）一片，上面还有一些白色的露珠，芦苇的后面则是一条宽阔的河流（或者湖泊），而最美的那个人，正在水的那一边。因为在水的一方，由这种距离而产生的美感，让人回味无穷。类似的文学手法在《离骚》《九歌》以及汉代乐府诗中也大量存在。

在这种追求情景交融的审美意识影响下，中国古代文学作品特别讲究对景的描述，在绘画中，就不单独画人物，而总要把人物放在一定的环境之中。在汉代的绘画（包括画像砖、画像石）中，我们看到在画面中，人物的形象总是画得较小，而要把山水、树木、房屋等构成景物的事物完整地表现出来。也许，在中国画家的眼里，人物只是山水风景中的一个要素而已。

敦煌石窟是作为佛教信徒修持和礼拜场所而开凿的，佛教绘画和雕塑最初都是按印度传来的样式制作的，但是很快就被中国艺术家进行改造，逐渐形成了中国式的佛教艺术。山水画进入佛教壁画，就是中国化的一个方面。在印度或中亚地区的佛教艺术中，佛教尊像、佛教故事的画面基本都是以人物为主的，虽然也有房屋、树木一类景物，但所占的比例极少。而在敦煌壁画中，大量山水图像作为人物活动的背景或者洞窟中的装饰而绘制出来，反映了中国传统审美思想强烈地渗透到佛教绘画之中。敦煌壁画中山水画面数量之多、描绘之精、时代延续之久，在现存古代艺术中是绝无仅有的，可以说展示出了中国山水画史的一个重要阶段。

敦煌早期石窟中，山水景物多用于故事画的背景。唐代壁画中，随着经变画的流行，山水画作为经变背景的运用越来越多，很多经变画都以大规模的山水为背景。唐代后期屏风画开始流行，山水画也是屏风画中不可或缺的因素。五代宋以后，由于敦煌与内地的联系极少，中原山水画出现的新技法没有及时传入敦煌，壁画中没有反映出这一时期中国山水画产生的巨变。西夏时期榆林窟壁画中出现了大规模的水墨山水画，真实地反映出两宋时期水墨山水画的一些特征，是石窟壁画中很难得的山水作品。

中国山水画到了隋唐时代走向辉煌，这一时期名家辈出，吴道子、李思训、张璪、王维等画家均对山水画的发展做出了重要贡献，形成特有的风格。五代以后，水墨山水兴起，山水画发生了重要的变化。隋唐时代的山水画色彩丰富，称为"青绿山水"，到唐末五代以后，水墨山水逐渐成了山水画的主流，北宋以后，画论中出现了"着色山水"这个词，说明那时大多数山水画是不用色的，如果用了色，就得专门强调是"着色"的。宋代以后"青绿山水"画逐渐失传，后人仿唐的所谓"青绿山水"，与唐代的真实面貌差距很大。在唐代名家山水画作基本无法见到的今天，人们对唐代和唐代以前山水画的认识就显得十分不足，而敦煌壁画提供了大量北朝到唐、五代山水画的例证，对中国山水画史来说，正好填补了空白。

二、北朝至隋代的山水

敦煌北魏洞窟基本上都是中心塔柱窟，多在四壁下部画金刚力士，金刚力士的脚下就画出一列起伏的山峦，通常用土红、石绿等色以粗线条画出轮廓，或全部平涂。这样的山形一直延续到隋代。此外，在说法图中，还画出象征着佛所居的灵鹫山，如第254窟西壁的白衣佛等画面中有一些山峦的形象。这一类山峦的样式和画法，与汉画中的山峦非常接近。

北魏时期壁画中山岳出现较多的有第248窟、第251窟、第254窟等窟，山峦的画法几乎都是近似三角形的形式，一面平滑，一面还有两三道波形线，山头与山头相连或叠压，并分别以红、黑、白、绿、蓝等色染出，色彩在这里仅仅起装饰作用。由于它的形状像连续的驼峰，有的学者把这样的山峦称作"驼峰式"山峦。值得注意的是，就是在这看似千篇一律的山峦中，画家们却在努力表现出一种空间感，比如第254窟北壁的金刚力士脚下的山水，在山与山之间有水隔开，这样，近景的山与远景的山就有了区别，山峦就分出了层次。无论如何，这是画家们对山水空间层次表现的一种尝试。

北魏第257窟西壁画有著名的九色鹿本生故事画，表现九色鹿从河里把溺人救出等情节，描绘出山峦和河流，在长卷式画面的下部是长长的一列山峦。画面的左侧因烟熏而模糊，但仍能看出一条河自左上部向右下侧流下，河水用线描出波纹，并以青绿色晕染。河水中九色鹿背负溺人向岸边走去，沿河两岸各画出一列斜向排列的山峦，画面的中部也画出几列这样斜向的山峦。从故事画的意义来说，这些山峦在横长的画面中分隔出一个个场面，用于表现故事发展的一个个情节。而从山水画的意义来看，斜向排列的山峦与河流，是为了表现出纵深的空间感。

北魏末至西魏，中原的山水画新风也传入了敦煌。第249窟、第

285窟的壁画就体现出了中原传来的新风格。第285窟南壁的"五百强盗成佛"故事画，描绘出五百强盗在山林中活动及听佛说法的情节，用斜向排列的山峦分隔出一个个空间，表现各个场次。这样的手法在北魏第257窟已经出现，但在这个洞窟中，山峦排列所表现的空间更具体可感，而且画家有意从侧面的角度反映建筑空间。这幅故事画中山峦所占的空间较大，树木大量出现，摇曳多姿的杨柳、亭亭玉立的丛竹，以及很多不知名的树木，使山水景物变得丰富多彩。画家还在山峦和树林的旁边画出水池，池中碧波荡漾，水鸟嬉戏其间，别有情趣。这样的画面已不单纯是为了表现故事的背景，而是出于一种山水审美的需要。山水自然的美，开始在绘画中受到重视。

长卷式故事画经过北周的发展，到了隋代，表现手法更加细腻而精致。山水树木在画面中所占的比重越来越大，人物相对来说画得较小。如第419窟在窟顶人字披两侧画出须达拏太子本生和萨埵那太子本生故事画，山峦层次较为丰富，在山峦的上部往往画出一层绿色的植物，在其中画出细密的线条，如草，如苔。山峦重叠时，层次就变得非常丰富。这一手法，一直影响到唐代壁画中的山水表现，如盛唐第217窟的山头上就有类似的表现。隋朝壁画中的山峦都用石绿、石青、赭石以及多种颜色混合染出。由于时代久远，壁画大多已经变黑，但当初一定是十分绚丽灿烂的。

隋代第303窟在四壁及中心柱的下沿横卷式画面，完全被用来画山峦和树木。北魏以来，在洞窟中的这一位置通常是画金刚力士的，山水仅仅是金刚力士的背景。而在这个洞窟，第一次描绘出没有佛教内容的山水。看起来最初是由于佛教的需要而画出山水作为背景，在这里则已经把本来固有的佛教内容抛开，成为纯粹的山水画。

树林中还画出鹿、羊等动物，或在觅食，或在奔跑，表现出山林自然的气息。树林的表现也很有趣味，有的整齐排列，有的则枝干弯曲，呈现出如舞蹈般的动态。树叶大都具有装饰性。驼峰式的山头也体现出不同的形态，山峦的用色简淡而和谐，除了赭红色以外，就是黑色、白色。山峦上由深到浅的着色方法，似乎类似于后来的"皴法"的特点。

第420窟窟顶东披还画出观音救难的场面，右侧一条河流由远而近流下，河中有人遇难，河边画出慈祥的观音菩萨向河里伸手，正在搭救溺水者。曲折的河流上部细、下部宽，体现出远近的空间距离。左侧是大海中有人遇难的情景。画家还未掌握描绘大海的技法，画出的大海仍像水池一样，在水池中还画出莲花。左边描绘海浪，令人想起彩陶纹饰中的波浪纹，这种图案化的处理方法是一脉相承的。

隋代壁画的另一大特色是房屋建筑大量进入故事画的背景之中。房屋突破了横卷式构图的约束，由建筑物的转折而形成了蛇行线，把画面分成一个个单元，构成一种独特的空间。山水风景中，山峦通常都是圆弧的形状，而建筑则往往是直线和角形，山峦与建筑相结合，直线与弧线相配合，使画面中刚柔相补、丰富多姿。画史记载隋代画家展子虔等都很擅长画宫殿楼阁，敦煌隋代壁画中大量建筑画的出现，反映了中原新画风的影响。

隋末第276窟在南北两壁与西壁交接处附近，分别画出奇崛的山峰，如北壁西侧菩萨的旁边，最下部是一个山坡。上部画出坚硬的岩石，顶部岩石向右翘出，显得很险峻，岩石用赭红线条勾勒，在有的部分染出石青和赭红色，表现出岩石的阴阳向背。在岩石上还画出一些树木。第276窟岩石与树木的画面表明画家不再停留于对山峦的概括性描绘，而是把山岩作为近景来刻画，强调岩石细部的质感。第276窟南北两壁的说法图中，还可以看出树木的具体刻画。北壁的菩萨身后的松树体现出挺拔直立的特点，西壁的树表现出梧桐枝繁叶茂的特征，每一片树叶都用线描具体地勾出轮廓；南壁的树类似槐树，树叶采用"介"字点法。在每一棵树粗壮的树干上，都仔细地画出了树的纹理。总之，第276窟的山峦表现具有划时代的意义。画家试图对近景进行更为细致的表现，以区别于远景山水，这样，空间关系的表现进入了一个新阶段。

三、青绿山水的原相

唐代是中国山水画发展的一个高峰。文献记载当时如吴道子、朱审、韦偃等画家曾经在寺院壁画中画出了独立的山水画。敦煌虽然没有出现完全独立的山水画，但如第103窟、第148窟、第217窟等窟壁画中的山水画已具有相对独立的意义了。

第323窟南北壁中部均画佛教史迹画，但画家没有像以前的故事画那样按故事发展的顺序来构图，而是以山水统摄全图，在山水画分隔出的空间里，描绘一个个故事场面，山水画成了壁画构图中首先考虑的问题。南壁共有三组故事画，画家用两组山脉把壁面分成三段。左侧的山脉呈之字形，左下部又有一组小山相呼应。右边一组山脉大体呈C字形，环抱故事画，壁画最右侧上部又有一组山崖与之相照应。在两组山脉之间还有一组山峰耸立，把两组山脉联系起来，这样,两组山脉在横长的画面中形成了稳定的结构,主宰着全壁,使山水连成一气,绵延壮阔。远景的山水则通过曲折的流水相联系,由近景到远景,层次丰富而境界辽阔。

本窟山水画中最引人注目的是远景的画法。如北壁《张骞出使西域图》,近处描绘张骞辞别汉武帝的场面,人物画得很大,在左侧的山峦中,画出张骞与随从人员渐渐远去的身影,人物越远越小,表现出自然的空间感。南壁故事画中,上部的远景中画出一些人正看着闪闪的佛光指指点点。这一组人物画得最小,只能看出大体形象,看不清面目;中部的一群人在江边遥礼石佛,这一组人物比起远景中的人物来,要大一点;靠下部的近景中,人们迎接石佛的到来,人物画得较大,较具体。这样由远及近,通过江水联系起来,表现出远近空间的关系,山、水、人物的比例都十分协调。由于山水的远近关系趋向合理,大大增强了画面的写实性,同时也使全壁的山水画具有了完整性。

看起来对远山的表现是画家的得意之笔,特别是远景中画出帆船,颇有意境,本窟北壁“康僧会的故事”上部表现康僧会从海上来的情节,画出大海中一叶扁舟,隐约可见舟中数人。南壁的故事画中,上部远景有几处画出了小舟,与山水相映成趣,表现了烟雨迷蒙的江湖景色。尽管线色脱落,但是仍可看出近处的波浪和远处的河流,特别是远景的点点帆影,颇有“孤帆远影碧空尽”的意境。

建于大历十一年(公元776年)的第148窟,是盛唐后期规模较大的洞窟。在本窟的巨型经变画中,山水画也体现出空前绝后的水平,特别是西壁、北壁的《涅槃经变》和《天请问经变》,都成功画出了气势壮阔的山水。

如北壁的"分舍利"场面，可以说是这铺经变画的高潮，众多人物围绕在堆放舍利的台前。背景的上部山势表现得十分雄奇，在辽远的原野后面，危崖耸立，其中还画出一片白云把半山腰遮住。画面上部，与青绿重彩的山峦相对的是橙黄色的彩云，仿佛是夕照中的晚霞，具有一种动人心魄的力量。从这铺《涅槃经变》，我们可以看出唐代壁画表现故事，不仅仅停留在把故事内容图解出来，而且更注意到壁画作为美术的一种视觉感受，充分调动山水画的技法，体现出雄奇壮阔的意境。

　　第217窟南壁西侧画出了大幅山水画。画面右上角危崖耸立，有二人骑马一远一近行进。透过山崖，可见远方曲折流淌的河流，境界辽远。中部两座高峰之间，一道飞瀑涌泻而下，山下的旅人被这大自然的奇景所吸引而驻马观赏。马匹半掩在山后。左部也是一条曲折的河流，在近处被山崖遮断。下面的山峰，悬崖突出，青藤蔓草悬垂。有三人仿佛是长途跋涉而疲惫不堪，一人牵马，一人躺倒在地，一人在水边，欲饮山泉。中间靠右之处，有旅人向一座西域城堡走去，路旁桃李花开，春光明媚。画家渲染了一路曲径通幽、草木葱茏的秀丽景致，使之成为可居、可游的游春图景。画面中悬垂的藤蔓、潺潺的流水、飞流而下的瀑布等，都表现得充满生意。在两组山崖之间还画出一行大雁飞向远方，犹如点睛之笔，使山水显得较有纵深感。

　　第103窟南壁西侧壁画的主题与第217窟是一致的，而画面的表现更像一幅独立的山水画。在近景山水中，左侧是一座险峻的悬崖，上面垂下青藤翠蔓，岩石间一道山涧凌空流下，崖下是曲折的河流。与左侧的悬崖相对，右侧也是一座高耸的山峰，山脚下旅行的人们在这里休息。

在以上两个洞窟的壁画中,画家们充分调动了山水的各个要素,山峰、河流、瀑布、树木、藤蔓等都各得其宜,表现得十分协调。山峰有耸立的危崖,有平缓的小丘,有近景的岩石,有远景的峰峦。河流也各有曲折,远景河流细细如线,近景波浪翻滚,还有山崖上涌出的瀑布、泉水这些元素的表现,充分展示了山水画丰富的表现力。

第172窟《观无量寿经变》中,根据"日想观"主题表现出一个相对独立的山水画面:右侧画出高耸的山崖,一人坐在山下观看落日,左侧一条河流环绕,上部画出淡蓝色的远山及彩云。青绿色画出远景中的原野,与近景中赭红色的山崖形成强烈的对比,华丽而不流俗。同一内容,在第320窟等壁画中也有表现。

第172窟东壁的《文殊变》上部山水也表现出了宏大而辽远的境界。图中共画出三条河流,由远而近流下,在近处汇成滔滔洪流,左侧是一组壁立的断崖,中部是一处稍低矮的山丘,画面右侧是一组山峦,沿山峦一条河流自远方流下,近处则表现出汹涌的波浪,远处河两岸的树木越远越小,与远处的原野连成一片。其中汹涌澎湃的波浪引人瞩目,波浪中画家以色彩表现出水面反射的波光,体现出画家独特的手法。

上述壁画山水的表现,与画史上记载李思训一派的山水画风格非常一致。我们有理由相信,敦煌唐代壁画中的这些山水反映了唐代的青绿山水的原貌。

四、恬静淡泊之景

唐代后期,水墨画技法传入了敦煌,给壁画中山水画艺术带来了新的气息。这些具有水墨画特征的山水画为我们探索唐代水墨山水技法的兴起和发展，提供了重要的参考资料。

第231窟北壁《弥勒经变》的上部两侧，分别画出山水景物：右侧是一组高耸的岩崖，在两道峭壁之间，有一条河水曲折地流出，近处的河道越来越宽，山脚下绘出修行的草庐。靠近中部的山，阳面是一个缓坡，有几只鹿悠闲地吃草，上部的远山也烘托出辽远的效果，左侧的山峦较平缓，通过河流的曲折线条表现出苍茫的原野，远景中还有几只鹿。对于远景的处理，加强了写实性，表现出深远的意境。比起盛唐山水那种气势壮阔的气氛，第231窟更多地表现出安详而宁静的风格。同窟南壁的《法华经变》及西壁的《文殊变》、《普贤变》都画出了山水画，如《文殊变》中的山水在文殊菩萨的身后，远方耸立着几座峻峭的山峰，山的峰顶都比较尖，在山峰的顶部以石青色晕染，山峰之间还有白云缭绕。近处的原野上画出树丛，色彩明快。把平远与深远的景色结合起，富有真实感。

中唐第112窟是一个小型洞窟，在南北两壁各画出了两铺经变，北壁的《报恩经变》和南壁的《金刚经变》都画出了山水画。《报恩经变》上部画的是"论议品"，即鹿母夫人的故事。左侧画出一座山中有一大石窟，窟中一人在修行，窟外一鹿正在饮水。右侧也画出石窟内一人修行，窟外一女子行走，身后有很多莲花，前面有一王者正骑马经过。画家着意刻画了山崖和岩石，体现出一种幽静的气氛。这里的山水则是全新的样式，山头几乎都是尖锐的角形，轮廓线转折强烈，似乎表现岩石的特征，颜色也极为清淡，仅用少量石绿。值得注意的是，在墨线勾勒之后，又用淡墨渲染，这样的方法是水墨画的特征。同一时期的莫高窟第154窟、榆林窟第25窟也有类似的水墨山水表现。

　　敦煌壁画中的水墨山水画显然是受到长安一带画家影响的产物。从藏经洞出土的唐代绢画中，水墨山水画之例也很多，如大英博物馆所藏的一幅有公元836年题记的《药师经变》，右上角的峰峦较尖，全有水墨晕染，薄施青绿色，显得浑厚凝重。另一幅时代大体相近的《报恩经变》，画面构图与敦煌壁画一致，即中央画出净土图，两侧以条幅的形式画出佛教故事画，图中描绘须阇提父母从山间走出，左侧是峻峭的山崖，二人行走在山下的平地上。山崖以浅赭色染出受光面，阴面以水墨晕染，与莫高窟第112窟的画法一致。由于墙壁与绢的质地的差别，绢画更能体现出水墨画的优点，而且从绢画中，我们更能清楚地看出笔墨的方法。尽管如此，画家们还是有意在壁画中画出水墨山水，说明水墨画在当时作为一种新的绘画方法，已经深受民众的喜爱，也成为画家所追求的新样式。

五、西夏时期的山水

　　敦煌石窟开凿的最后阶段即西夏至元代，这一时期的壁画中极少出现山水画。但在榆林窟第3窟出现了大型水墨山水画，标志着崭新的时代风格，代表了敦煌晚期山水画的主要成果。

　　榆林窟第3窟西壁门两侧分别绘制巨幅《文殊变》和《普贤变》，两铺画面均以山水为背景。北侧的《文殊变》高375厘米，画面上部中央主峰突出，呈品字形布局，在雄伟的山峰下画出寺院殿宇建筑。主峰的前面画出两峰相对如阙，右下部接近大海的地方，画出水滨浅滩上的岩石和树木。远处山峰与中央主峰相对，明显地形成主客对照。房屋建筑大多掩映在山峦和树木之中。左侧下部突出一组山岩，把近景和远景联系起来。近景和远景之间画出云雾和树木等，体现出迷茫的空间感。

门南侧的《普贤变》上部山水，可以分为两个部分。左半部分以两座雄伟的山峰占据了画面的主要位置，在两峰之间，有一道瀑布泻出。画面左侧在主峰后面可以看到作为远景的云雾缭绕的树丛，由远及近逐渐可以看到淡墨画出的山峰及流水。近处画出巨大的岩石，水从岩石上流下。在左侧下部则画出一片台地，其上画出《唐僧取经图》，又与上部的山水隔水相望。画面中央的一组山峦，看起来具有照应左右两侧的作用，在两侧的山岩下都画出巍峨的楼阁殿宇，在山峰左下部的山岩下，则画出简单的茅屋及有栅栏的院落。

右半部的山水较单纯，有一座山峰耸立，近处的山脉蜿蜒而上与其相连，其间崎岖的岩崖十分险要。山左侧画出云雾中的树丛，与画面左半部的山峰相接；在靠左侧的山峰中画出亭阁及殿宇，与这一片景色相呼应；又以淡墨画出溪水，具有深远之感。画面右侧用淡墨画出平远的景色，下部是绿树及茅屋、栅栏。通往这些房屋可以看见岸边树丛旁的小路，近岸边画出巨大的岩石。

若从全图来看，画中心是以文殊、普贤为主的人物，彼岸应为远景。但画家并不限于一个视点，山水分别体现出一定的远近关系，表现出高远、深远、平远景色的不同特点，主要以水墨画成。

《普贤变》中央主峰耸立的宏大结构是五代北宋以来华北系山水画的主要特征，远承范宽和郭熙风格的气势，但从细部岩石、树木等方面看，又有很多南宋以后的新样式，反映了西夏或元代受到南方绘画影响而创新的山水画成果。

　　以上我们大体按时代顺序考察了敦煌壁画山水画的特点。对于佛教石窟来说，壁画首先要表现佛教的主题思想，而山水画并不是佛教主题中必须的内容。但古代的画家们在佛教壁画中画出了大量山水画，说明山水画是中国传统绘画中深受人民喜爱的艺术，代表着中国特有的审美意识。另外，由于南北朝到唐代中国山水画作品存世极少，在敦煌石窟中则有大量作品保存下来，从它的发展历程，我们可以探索出中国山水画发展变迁的重要信息。

第六章　敦煌经变画艺术

赵声良
敦煌研究院党委书记

一、经变画概说

对于佛教信众来说,佛国世界是怎样的景象,一定是他们十分想知道的。于是古代的画家们根据佛经中的记载,并充分发挥自己的想象力,描绘出一种场面宏大、境界雄浑、充满美妙景象的极乐世界图,这就是经变画。

经变画是概括地表现一部佛经的主要内容,情节较多、规模较大的画。它不像佛经故事画那样单纯地表现一个有头有尾的故事,而是综合地表现佛经所记的场面。佛经主要是讲佛教哲学思想和修行方法等理论的。有的佛经利用很多故事来说明一些宗教理论,这类经变就可以描绘一些生动的故事。但有的佛经没有什么故事,画家通常就表现佛讲法的那个场面,往往是以佛为中心,周围还要表现众多的佛弟子、菩萨及天龙八部众神乃至世俗人物听法的场面,所以经变画往往人物众多、场面宏大。

在佛教传入中国的初期，佛教需要通过浅显易懂的故事来宣传基本理论，所以石窟中流行较多的是佛经故事画。到了隋唐以后，佛教在中国已经很盛行了，常见的佛教故事画大部分人都耳熟能详，这时，更深层次的理论性经典便受到重视，在佛教壁画中表现思想内容更为丰富的经变画就受到欢迎。

根据经变画的表现形式，我们把它分为两个类型，一是叙事性经变，一是净土图式经变。叙事性经变往往以一定的故事情节为线索来表现佛经教义，具有故事画的某些特征，画面可以按一定的顺序来看。如涅槃经变、维摩诘经变就属于此类。净土图式经变则是以佛所在的净土世界为中心，表现佛教净土世界的种种场面。虽说有的经变也有故事情节，但故事画面不占主要地位。净土图式经变主要有阿弥陀经变、观无量寿经变、弥勒经变、法华经变等。唐代前期的石窟通常在左右两侧壁及门两侧分别画出通壁巨制的经变。中唐以后，经变画的种类越来越多，往往在一壁之中并列画出两三铺经变。五代的一些大型洞窟还有在一面壁上画五铺经变的情况。

经变画是唐代以后敦煌壁画的主要题材，在石窟中占着举足轻重的作用。经变画也是中国式佛教艺术的代表，体现着中国人对佛教的理解和中国人的审美观。古代画史中记载了隋唐时代中原地区很多寺院壁画的经变画，其中有不少是展子虔、吴道子等著名画家所绘。可是，由于时代变迁，隋唐以至宋元的寺院大多不存，历史上那些有名画家的作品也无法领略。所幸还有敦煌石窟这样的文化遗迹，保存了大量绘制精美的古代壁画，我们从中可以推测历史上那些著名画家的绘画风格和特点。

二、叙事性经变

（一）涅槃经变

涅槃经变主要是根据《佛说大般涅槃经》绘制的，在北周壁画中就已出现了作为佛传故事中一个场面的涅槃图，到隋唐时期则演变成了规模宏大的涅槃经变。莫高窟共有14个洞窟画有涅槃经变，很多都是绘塑结合的，既塑出涅槃像，又在相应的位置画出经变。

初唐第332窟的《涅槃经变》是较典型的绘塑结合的大型涅槃经变，本窟建于武则天时代的圣历元年（公元698年），是一个中心柱窟，在中心柱背后的西壁开一龛，塑了一尊长达5.6米涅槃佛像。南壁通过九组画面表现了释迦牟尼佛在双树林涅槃之后，众弟子们举哀的故事情节。建于大历十一年（公元776年）的第148窟是完全以涅槃经变为主题的洞窟，洞窟主室型制为横长方形，这样的洞窟型制也称作涅槃窟。正面有一座高1.4米的佛床，在佛床上面塑出长达14.4米的释迦牟尼涅槃像，后壁和两侧壁画出了规模更为巨大的涅槃经变。壁面高约2.5米，总长达23米，主要描绘了10组画面包括66个情节，出场人物达500多个。由南壁向西壁然后向北壁，按顺序画出释迦牟尼涅槃以后的诸多情节内容。从这铺《涅槃经变》，我们可以看出经变画表现故事，不仅仅停留在把故事内容图解出来，而且更注意到壁画作为美术的一种视觉感受，充分调动山水画的技法，体现出雄奇壮阔的意境。

（二）维摩诘经变

维摩诘经变，是根据《佛说维摩诘经》绘制的。佛经上说，维摩诘是个神通广大、能言善辩的居士,他不出家,却精通佛理。他经常在家称病,人们去探望他时,即向人们宣讲他的大乘佛理。经变画通常以佛派弟子去探望维摩诘这一事件为中心来展开的。莫高窟共有68个洞窟表现了维摩诘经变,其中具有代表性的有第103窟、第220窟、第335窟的《维摩诘经变》。

第220窟是于贞观十六年营建的,在东壁门南侧画维摩诘坐在帐中,手持麈尾,双目炯炯有神,神情激昂,沉浸在论辩的气氛中;下面是各国王子听法的场面,上部则画出妙喜世界;门北侧的画面以文殊菩萨为中心,周围是众多的佛弟子、菩萨以及帝王、大臣听法场面。画中最有意思的是中国帝王头戴冕旒,身着衮服,两手伸开,仪态雍容,大臣们前呼后拥,显出至尊气派。这一形象与唐朝画家阎立本所画的《历代帝王图》很相似,反映了阎立本的绘画风格当时已传入了敦煌。

盛唐第103窟同样是把维摩诘经变画在东壁门两侧,南侧的维摩诘凭几而坐,身体略向前倾,手持麈尾,目光直视对手。画家以劲健的线描造型,微施淡彩,勾勒出一个气宇轩昂、雄辩滔滔的清谈家的风采。维摩诘下部画出穿着不同服饰的各族王子形象。北侧的文殊菩萨端坐于高座上,表情恬静,一手执如意,一手向前打着手势,表现出从容论辩的样子。文殊身后的佛弟子们相互之间悄声说话。下部则画出中国式帝王及大臣们听法的情景。

中唐时期,由于吐蕃占领了敦煌,这时的维摩诘经变中描绘各族王子的场面,一般都以吐蕃赞普的形象为首,形成了这一时期维摩诘经变的一大特点。

（三）劳度叉斗圣变

晚唐以后流行劳度叉斗圣变。舍卫国大臣须达为了请佛说法，想建造一座精舍。因这精舍的选址，受到外道劳度叉的阻挠，于是引起了佛弟子舍利弗与劳度叉斗法，最后舍利弗斗法胜利，外道皈依，建成精舍。这一内容在莫高窟晚唐第9窟、第196窟表现得较为典型。画面通常以佛弟子舍利弗和劳度叉相对峙的场面为主，其中穿插了诸多斗法的场面。如劳度叉化出一座山，舍利弗化金刚将山击碎；劳度叉化一宝池，舍利弗则化大象吸干池水；劳度叉化一黄头鬼，舍利弗化毗沙门天王捉鬼，等等，表现佛家与外道斗法，严肃中又不乏轻松与诙谐。

晚唐以后洞窟中大量出现劳度叉斗圣变，表达了晚唐敦煌人民推翻吐蕃统治、重新归复唐朝的胜利喜悦。这种不严格按佛教经典，而依据当时的俗讲变文之类内容而绘的壁画，也反映了佛教绘画进一步世俗化的进程。

三、净土图式经变画

唐代以后大多数经变画是以净土世界为中心来表现的，其中从画面的情况看，可以分为两个方面：

（一）以水池和楼台表现的净土世界

《佛说阿弥陀经》、《无量寿佛经》和《观无量寿经》被称为净土三经，是净土宗修习的主要经典。以这三部经典为主题的阿弥陀经变、无量寿经变和观无量寿经变通称西方净土变。这三种经变的主体构成基本一致，即中央描绘佛说法场面，通过雄伟的宫殿建筑来表现天宫的华美。无量寿经变和观无量寿经变中还绘出净水池及化生。观无量寿经变较为特别，一般都要在净土图的两侧以条幅的形式描绘未生怨故事和十六观想的内容。

初唐第220窟、第321窟的《无量寿经变》，盛唐第148窟、第172窟的《观无量寿经变》可说是净土经变的代表之例。以真实可感的画面来表现理想的佛国世界，是净土变绘画追求的目标。大型净土变通常有较大的净水池，大规模的宫殿楼阁都建立在水池之上，人物（尊像）众多，常常是佛、菩萨等尊像及人物合计达数十人甚至百人以上，人物群像的表现可以说达到空前的规模。表现如此众多的人物，体现出画家对画面层次的把握，由近及远，从地上到空中，有主有次。

以第220窟南壁的《无量寿经变》为例：居于中央说法的佛是全画面的中心，在佛前面通常有平台，平台上有演奏乐器和舞蹈的伎乐天，通过平台与两侧楼阁的关系体现出层次感。净土经变中最有特色的还有碧波荡漾的净水池，池中往往会画出莲花、水鸟以及儿童的形象，儿童是代表化生的。据佛经，要进入西方净土世界，须从莲花中化生而出。所以，化生就是进入净土世界的象征。

与此相对的是上部天空的描绘，画面上部的天空通常会画出一些云朵，在其中有不鼓自鸣的乐器和飞行的天人（即飞天）。如第321窟北壁《无量寿经变》的上部以深蓝色表现天空，其中乘彩云来来往往的佛、菩萨，还有飞天在飞行，一些乐器也在天空飞行，那是佛国世界不鼓自鸣的天乐。

药师经变也采用净土变形式，药师佛的世界称为东方药师琉璃光世界，作为净土世界与西方阿弥陀世界有共同之处，所以，药师净土也同样表现净水池,表现华丽的楼阁殿堂,以及在平台上歌舞作乐的伎乐。唐代石窟中,把药师经变与西方净土变相对绘于洞窟南北壁的做法也很流行。第148窟东壁南侧的《药师经变》,从中央大殿两侧有回廊与两侧配殿相连,前面有多重平台,形成宽阔的空间,而在中央大殿与回廊的后部,仍可见后面的殿宇重重,楼阁相连。盛唐以后的药师经变,往往都要表现这样结构复杂的建筑,比起其他经变,药师经变中的建筑样式往往较新颖独特,反映了中国古代建筑艺术的辉煌成就。

在净水池中的平台上,有歌舞作乐的伎乐天。她们弹奏着各种乐器,虽然表现的是天乐,却展示了宏大的唐代音乐文化。这铺经变的乐舞人数达33人,中央二人对舞,两侧各有两组乐队,演奏着筚篥、琵琶、横笛、拍板等乐器。这样庞大的乐队,可以称得上是最早的交响乐队了。从这些乐队的规模及乐器配置等方面,可以看出唐代中国音乐的发达程度。

唐代以后,在经变中以水池、平台、殿堂建筑等方面来表现净土世界的,还有天请问经变、思益梵天问经变、金光明经变、报恩经变等。

(二)以自然山水来表现的净土图

弥勒经变主要是以山水为背景来表现弥勒世界的。第33窟的《弥勒经变》中央画须弥山,山上部以俯瞰的角度表现规模宏大的殿宇,象征弥勒所居的兜率天宫。而须弥山是上大下小的形状,在须弥山下有大海,海的周围又有无数的山峦。这些景象若真若幻,把想象的景象与现实的山水建筑结合起来,形成了这个独特的佛国世界,这样的表现当然得益于唐代山水、建筑表现技法的成熟。弥勒佛说法的场面是画面的中心，在这个大型的说法场面周围，分别画出弥勒经变中的耕种与收获（一种七收）、儴佉王及眷属剃度出家、婚嫁宴会以及树上生衣、路不拾遗等场景。这就是唐代弥勒经变的普遍形式。其中表现弥勒世界的耕种收获、嫁婚、剃度等场面，具有很强的现实性，可以说也是当时的观众最喜欢看到的，所以画面表现得越来越写实，越来越细致。中唐榆林窟第25窟的《弥勒经变》就表现了十分具体可感的场面。

经变画把世俗人物以及世俗生活的场面画在佛国世界中，佛国世界也不再是遥不可及的。这大约正是唐代佛教所要达到的目的。神圣的佛教经变场面充满了现实的人间气息，这也正是中国式佛教美术的特点。

以自然山水来表现的经变还有法华经变。法华经变的中心是佛在灵鹫山说法的内容，因此，要在山的背景中表现佛说法的场面。此外，还有十轮经变、楞伽经变、金刚经变等。

四、经变中的生活场景

经变画的意义不仅仅在于以宏大的空间结构表现出一个境界开阔的佛国世界，而更在于画面容量极大，除了在中心位置表现出标志着主题的佛说法场面外，还在周围的画面中穿插画出与经典相关的细节，从而使画面层次丰富，十分耐看。这些富有生活气息的画面，真实地反映了当时的社会生活，成为观众十分喜爱的内容。如弥勒经变中的耕作收获图、婚嫁图、老人入墓图、剃度图；法华经变中的作战图；维摩诘经变中的博弈图、酒肆图、挤奶图；楞伽经变中的照镜图、屠夫卖肉等场面。下面试举几例加以说明。

（一）耕种收获图

在盛唐第23窟北壁《法华经变》中，有一幅耕作图。画面上乌云弥漫，暴雨如注，农夫正在田里挥鞭策牛，辛勤耕作。田头上坐着农夫、农妇及小儿，父子捧碗吃饭，农妇关切地注视着他们。这一内容来自《法华经·药草喻品》，它的主旨是宣扬平等的佛慧，有如甘露时雨，普润万物，而壁画中画出了一幅富有农家生活气息的图画。

表现农业耕作的更多见于弥勒经变。佛经中说到了弥勒时代，"一种七收，用功甚少，所收甚多"。因此，弥勒经变中耕种与收获的场面是必不可少的。盛唐第445窟的《弥勒经变》中描绘出了耕地、播种、收割、运载、田间进食、打场、扬场、粮食入仓等情节。真实地反映了当时农业生产过程。画面中的曲辕犁，在我国农业科技史上意义重大。榆林窟第25窟的《弥勒经变》中也画出了耕种收获图。画面下部为一农夫戴着草帽扶犁，二牛抬杠；后面一妇女紧跟在后播撒种子。旁边一个画面中，一人正在用镰刀收割，其上部则画二人在扬场。

（二）婚嫁图

弥勒经变中，多画出婚礼场面，以表现弥勒世界"女人五百岁出嫁"的说法，如第445窟北壁《弥勒经变》下部西侧绘出的婚礼图。宅第门外设帷帐，即"青庐"。帐内宾客对坐饮宴，帐前正举行婚礼：新郎伏地跪拜宾客，新娘盛装立于旁。这些都展示了当时北方地区的婚礼场面，以及行礼时男拜女不跪的习俗。

榆林窟第25窟的《弥勒经变》中的婚嫁图比较特别，新娘着吐蕃装。宾客中有着汉装者，也有着吐蕃装者，反映了中唐时期汉族与吐蕃族通婚的状况。莫高窟晚唐第85窟的《弥勒经变》还画出迎亲的花轿，以及引导人员举烛前行直到在青庐举行婚礼的过程。

（三）商旅图

敦煌作为古丝绸之路的交通要道，商旅往来是非常频繁的，在敦煌壁画中就常常出现商人活动的场面，如隋代第420窟窟顶东披的《法华经变》。从右端开始表现商人在出发前跪地祈求平安，接着商队启程，赶着满载货物的骆驼、毛驴翻山越岭而行。一匹骆驼失足滚下山崖，脚夫们俯瞰深谷，惊恐万状；山的右上方又有二商人，正在旅途中给一匹病了的骆驼灌药。好不容易下山之后，强盗又出现了。

同样的内容在盛唐第45窟南壁《观音经变》中也有生动的表现，画面中商人们正从山间艰难地跋涉，从山后出来几个持刀的强盗，商人们面露恐惧，又好像在瑟瑟发抖，毛驴所驮的货物撒了一地。按佛经的内容，这些商人在遇难时口诵观世音菩萨名号，于是强盗们都放下兵器，怨贼难得以解脱。但画面中对强盗的蛮横与商人们战战兢兢的神态表现得十分生动，显示出画家对人物性格刻画的高超技法。

（四）演兵作战图

第217窟《观无量寿经变》的左下部，表现城外广场上，十位武士分立两边，一方持矛进攻，一方持盾抵抗。头戴冕旒的国王及众侍从一旁站立。按此画面表现《观无量寿经》中的未生怨故事，画面却生动地再现了当时演兵操练的情景。第12窟南壁西侧的《法华经变》中，还画出了一幅战争的画面：右侧的皇城内，一王者正在调兵遣将；宫城外地护城河边，两军隔河对垒，战斗十分惨烈，受伤兵马挣扎于激流中；城内画面中，军队押解着战俘凯旋；皇宫内正在论功行赏。

战争的内容出自《法华经·安乐行品》，壁画中的整个场面令人联想到唐代出军征战的情景。画家要表现这样激烈战斗的场面肯定也有着现实生活的基础。

（五）挤奶图

维摩诘经变中表现阿难到俗人家中乞乳而遇维摩诘。在莫高窟中唐第159窟的屏风画中，表现一妇女在母牛身下挤奶，而小牛看见，想跑去吃奶，一少女拼命拉住小牛，不让靠近。母牛则回望小牛。这一场面把母牛与小牛之间的感情表现得真实感人。晚唐第9窟的《维摩诘经变》中，对这一场面也有精彩的表现，画面描绘一大宅院前，农妇在挤奶，阿难抚着牛背，而小牛犊也想凑上去吃奶，母牛回头看着小牛，生动地表现出一幅舐犊情深的画面。

（六）肉肆图

佛教主张不杀生，在楞伽经变中却以屠夫屠宰的场面作为比喻，劝诫人们不要杀生吃肉。在第85窟的《楞伽经变》中画出一幅屠夫卖肉的场面，一个屠夫正在案前切肉，旁边的案上还放着一个宰杀完了的动物，后面的房间里挂满了肉。在案桌边分别卧着两条狗，其中一条狗正看着屠夫的动作，似乎等待着屠夫给它吃肉或者骨头。屠夫动作有力，眼睛却瞪着边上那条狗，人与动物之间的神情传递颇有情趣，而画面中透露出的浓厚生活气息，令人难忘。

类似这样的生活画面，在敦煌经变画中难以尽述。这些画面从社会历史方面来看，具有十分重要的研究价值，而从艺术方面来讲，同样表现了当时的画家们对生活的观察与表现，对人物动作、眼神、表情，以及画面环境等方面都表现得十分精彩。

五、经变画的艺术成就

据《历代名画记》等文献的记载，唐代的首都长安以及东都洛阳大大小小的寺院里，都曾经有过大量的经变画。经变画是当时中国寺院及石窟壁画的主要内容，是最富有中国特色的佛教艺术形式。

经变画的成就，首先在于人物的表现。由于人物众多，画家在一幅大规模的画面上要表现不同的人物，对于不同人物个性的塑造就非常重要，维摩诘经变中对主人公维摩诘、文殊菩萨以及众多佛弟子，包括世俗人物，如国王与大臣等，都有成功的表现。劳度叉斗圣变中对佛弟子以及外道人物的表现，弥勒经变、法华经变等对世俗人物的塑造，都有不少成功的表现。

建筑画是经变画中的重要组成部分，尤其是在净土图式的经变画中，如果没有建筑恐怕也就没法表现净土世界了。隋代画家展子虔和杨契丹都以建筑画而著名，而当时宫殿建筑实物也给画家们提供了写生的对象。《历代名画记》曾记载当时画家杨契丹长于画建筑,郑法士想要借他的画本(底稿),"杨引郑至朝堂,指宫阙、衣冠、车马曰:此是吾画本也"。说明那时的画家是以现实的宫殿建筑为依据来画的。由于这些画家的努力,隋唐时代的建筑画达到了极高的水平,特别是唐代以后的建筑画在表现远近的空间关系方面取得了很大的成果。

这些建筑都是以中轴对称的形式,中央描绘一座大殿,两侧又有数幢殿堂,建筑物之间以回廊相通,通常在画面下部还要绘出平台。当然这里表现的建筑群也并不是唐代建筑的完整再现,可能仅仅是那时佛寺的大殿及相关的建筑。画家们主要是通过这些建筑来作为佛说法的背景,并象征佛教净土世界,也许会有想象的部分。由隋入唐,建筑画在三度空间处理方面也取得了很高的成就。

画家们还采用山水与建筑相配合的手法来表现空间关系。在有的阿弥陀经变和观无量寿经变中,会在建筑物周围描绘一定的山水树木,把建筑物没有完成的一些空间补充出来。如第172窟北壁的《观无量寿经变》,在建筑物后面画出一些远景山水,给人以无限远之感。这样的方法改变了初唐那种舞台式背景的不足,而使画面的空间表现达到完满。中唐以后综合处理山水与建筑的经变较多,通常以建筑物作为近景,山水作为远景,把远近空间有机地联系起来,如中唐第231窟北壁的《弥勒经变》、第112窟南壁的《金刚经变》、晚唐第85窟南壁的《报恩经变》等。

印度、中亚的佛教美术虽然也表现背景,但主要以人物为主,尤其是雕刻作品中几乎看不出对空间的表现。中国的经变画形成了对人物群像、建筑、山水等综合表现的方法。建筑画和山水画的成熟使唐代的经变画构成臻于完善。而经变的意义不止于此,它表现出一个完美、丰富的净土世界,使佛教的理想境界变得十分具体可感。经变表现的是佛国之境,然而这些建筑、山水则是人间的风景,它反映了中国人对风景审美的追求,而这种审美风气又促使画家对空间进行探索,形成了中国画空间处理的一些规律和特色,也形成了有别于印度和中亚的中国式佛教绘画艺术。

经变画代表了唐代壁画的杰出成就,对后来的宋、元、明、清佛教绘画产生了深远的影响,而且还影响到了朝鲜半岛和日本。

第七章　敦煌彩塑艺术

何　鄂
雕塑艺术家

　　敦煌彩塑艺术是敦煌莫高窟佛教艺术石窟造像的主体，是敦煌艺术中非常重要的组成部分。以泥土为质地的敦煌彩塑竟然能够经历15个世纪，泥塑造像依然完好，彩色绘制依旧绚丽精致，这个千年之谜的答案就在于敦煌的自然地理条件、气候条件——总体降水少，空气相对湿度较小，崖体洞窟基本保持恒湿状态；在于古丝绸之路中西佛教与文化不间断的交流、交融与建造；在于历代艺术家奉献出生命智慧的杰出创造。

一、敦煌彩塑概述

　　莫高窟现存735个洞窟，保存有2 400多身彩塑，这些彩塑历经北凉、北魏、西魏、北周、隋、唐、五代、宋、西夏到元，题材有佛、菩萨、弟子、天王、力士、地神，还有影塑的羽人、飞天、天女以及禅僧和高僧等。其中佛像有释迦牟尼、释迦多宝、弥勒佛、阿弥陀佛、过去七佛、三世佛、涅槃佛、千佛、化佛等；菩萨像有文殊菩萨、普贤菩萨、大势至菩萨、观音菩萨、胁侍菩萨、供养菩萨等；弟子像有阿难、迦叶、十大弟子等；天王像有四大天王等。

敦煌的岩层是砂石，不宜做石刻，所以古人便就地取材、因材施艺，成就了泥塑彩绘。再加上西部干旱缺雨、气候干燥，这些泥塑竟保存了1 500多年之久，成为世界文化遗产，这真是我们后人的福分啊！

二、敦煌彩塑各个时期的布局特点

莫高窟早期北朝时期的窟形多是禅修窟、中心塔柱窟与殿堂窟。禅修窟在主室开凿供僧人坐禅的小窟。中心塔柱窟在主室后部置中心柱，中心柱四面造龛，正面为一层龛，内置交脚弥勒菩萨或弥勒坐像，三面为一层或二层龛，内塑佛像，或禅定或苦修，龛外南北两侧立两身菩萨或四身菩萨，窟内南北壁上部开凿汉阙式或圆券形小龛，塑思维菩萨与交脚菩萨。中心柱前的屋顶呈人字披形。殿堂窟，呈覆斗式方形顶，后壁有较大佛龛，龛内塑佛像。

早期造像的题材、坐式与形象、衣纹等仍保留了西域的样式，但人物的容颜、表情、服装已渐渐展现出魏晋优雅、敦厚的风韵，如第275窟。

有的窟在西壁做半个塔柱，龛内坐释迦多宝佛，龛外南北各一身菩萨，北壁上下两层佛龛塑交脚菩萨和佛像，如第259窟。

莫高窟早期中心塔柱龛外第一次出现天王像是在北魏第257窟龛外北侧。

莫高窟早期出现的第一个弟子迦叶像是在北周第439窟正壁龛内北侧,之后佛龛主尊两侧出现了一佛、二弟子、二菩萨。

隋唐时期的石窟形制有殿堂窟、涅槃窟、大像窟等。隋代时,杨广在天台宗受戒后推崇"三身佛"(法身、应身、报身),莫高窟隋代第427窟中便有三组一铺三尊的三身佛,巨像高达四米,在前室南北壁各有两身天王,门两侧有两身金刚力士,高达三米。整窟塑像多达二十八身,可见佛教与当时统治阶层的关系。

覆斗式殿堂窟是隋唐以后敦煌石窟的主要窟形,大多为西壁开龛,龛内一佛、二弟子、二菩萨、二天王,有的龛外加二力士,如第45窟、第194窟。也有不塑天王、力士,而塑供养菩萨的,如第328窟。还有一类是在中央设塔形方坛,在三面墙壁内各开一窟,龛内塑佛像、菩萨,如第305窟。也有洞窟在中央设佛坛,坛上置一佛、二弟子、二胁侍菩萨、二天王,如第196窟。第205窟与第196窟造像布局相同,又增加了二供养菩萨。涅槃窟,塑佛涅槃像与弟子举哀场景,南北两侧塑过去佛与未来佛,如第158窟。大像窟因塑巨大的佛像得名,如第96窟与第130窟。

五代、宋流行在主室正壁开龛以及在中心设方形佛坛,在佛坛上塑三身弥勒佛像及配像,坛后设背屏,如第55窟。

三、敦煌彩塑的材质和制作方法

敦煌石窟开凿在玉门系砾岩崖壁上,岩层由砾石和细沙沉积黏结而成,不适宜雕刻。因此,从敦煌石窟初建,人们就采用了泥塑彩绘的方法。古代雕塑工匠在长期艺术实践中熟练地掌握了捏、塑、压、贴、刻、削等泥塑的方法与工具,先在木结构骨架上塑出佛像的形体,再运用绘画的技法和色彩在泥塑造形上描绘着色,"塑容绘质"。历代工匠通过长年对人物形象的细致观察,总结出用汉字来概括人物各种脸型的特征,如甲字脸、国字脸、申字脸、由字脸、目字脸、田字脸、风字脸等,我们从敦煌彩塑的造像中几乎都可以找到这些脸型。

敦煌彩塑在塑绘结合上达到了很高的艺术表现力。在早期洞窟中,除去在佛龛中间的佛采用圆雕技法之外,菩萨与弟子的塑像大多采用高浮雕技法,身子紧贴着佛龛或墙壁,菩萨的头部多是用模具压制而成,然后装到身子上去。小体量的飞天和供养菩萨则用影塑,即浅浮雕的技法。

以下简要介绍敦煌彩塑的制作方法。

第一步,搭骨架。骨架是彩塑的主心骨,根据佛像、菩萨像、天王像的姿势动态选择适合的圆木搭架固定。我们从洞窟残损的塑像上难得看到一尊天王像的头部骨架是一根直径15厘米的圆木,经艺术匠师在颈部位置稍加削砍后,竟可从木柱上感觉到天王的头颈动态充满张力和阳刚之气。另有用一块木板刻出手掌大形,再用方形铁条弯成手指插入木掌指孔中。还有用圆木削成有榫的手臂构件在肘部进行对接组装。以上这些都可以看到古代工匠在制作骨架时采用就地取材、以形选料、以木刻大形等多种技艺。

第二步,扎大形。在木骨架上用当地的芨芨草或芦苇围绕在主骨架上捆扎出人物的大致形体。这样可减轻主骨架的负重,确保上泥时厚薄均匀,晾干过程中能够均匀收缩。

第三步,泥塑。泥塑用的泥来自敦煌当地的澄板土。河滩地在大水漫过以后,表面有一层细泥,干裂后卷成一片片板块,当地称为澄板土。彩塑用泥又分细泥和粗泥。用澄板土加水与6厘米长的麦草和匀即成草泥,将其均匀地糊到用芨芨草扎成的大形上,上完一层,必须等晾干一些再上二层,草泥大形出来后再上麻泥。麻泥是将麻剪成约4至5厘米长后再和入湿泥中,棉花泥则是将棉花拉成薄薄的片状后再均匀地铺在湿泥上,将棉花呈垂直从周边向泥里压下去,和均匀即成。麻泥要进一步塑出人体形象和面部、五官、人体大形、衣纹衣饰,边塑边晾干。最后上棉花泥,细泥中要加沙子,比例是七成泥、三成沙,目的是防止收缩干裂。用细泥精心塑人物表层五官、手指、衣纹等,进行1∶1复原,直到塑像完成。

敦煌彩塑中超过20米的大像就不用木骨架了,而是在开凿洞窟的时候,通过计算和设计,在雕凿时留出佛像的石胎形体,然后在石胎上凿孔插木桩,以便塑像底层挂草泥,然后再依次用麻泥、棉花泥塑造完成。

第四步,彩绘。敦煌彩塑用的颜料都是矿物颜料,如土红、石绿、石青、朱砂、朱磦等。早期洞窟塑像的色彩比较简单,主要用土红、石绿、石青、白、黑。佛像大多用土红,着通肩袈裟。菩萨像多用石青、石绿或朱砂着衣裙飘带,或以同种色彩的深浅进行晕染。人物面部则用白色或肉色,发髻、眉毛、眼睛、胡须等部分用石青、石绿、黑、土红色等进行色彩描绘。

早期的彩塑中,有些雕塑身上的飘带一旦连接在墙壁或莲台上就不塑了,改用彩绘飘带去完成,达到塑绘完美对接。

隋代的彩塑中出现了织锦的图案。

唐代的彩塑更加富丽,色彩更加丰富,还伴有贴金,再现了丝绸的绚丽多彩。有些佛像在塑造时不塑胡须、铠甲,而用绘画去完成,如第194窟的天王像。五代、宋在彩绘上的风格逐渐趋向清新淡雅。

总之，敦煌彩塑与洞窟的建筑、壁画，共同构成了完美的敦煌艺术。

四、敦煌彩塑艺术的魅力

下面我将从各个时代选取彩塑的代表作品进行介绍，进一步领略敦煌彩塑的艺术魅力。

第259窟　北魏　禅定佛像

这尊早期佛像在北壁下层的佛龛内，结跏趺坐，身着通肩袈裟，紧裹身体，衣纹是用阴线刻来表现的，线条流畅自然。佛像面部神态恬静安详，目光温和亲切，深凹的嘴角刻画使面部充满了善意的微笑。

佛像双手交叠于腹部，深红色袈裟在膝两边呈对称弧形下垂，衣裙下摆有装饰褶边，佛像坐式呈三角形对称构图，产生了庄严稳重的感觉，体现了佛教追求的禅定境界。

这尊佛像因其含蓄庄重的东方微笑成为敦煌早期彩塑的经典，由此带来了众多赞美，被冠以"东方的蒙娜丽莎"之誉。事实上，当意大利义艺复兴"三杰"之一达·芬奇举世闻名的《蒙娜丽莎》画像于16世纪完成时，这尊佛像早已诞生千年之久。当我们不经意用祖先的创造与外国的经典相比，用以证明我们的文化艺术如何优秀的时候，恰恰是在无形中将我们祖先的杰出创造与其比肩为二等。所以，我不主张宣扬"中国的蒙娜丽莎""东方的维纳斯"等说法。我特别注意到古代雕塑家在这尊佛像上还有两点独到的艺术表现：一是胸前阴线刻的衣纹左疏右密，这个布局使这座左右完全对称的塑像立刻灵动了起来；二是佛像的颈部，古代雕塑家将佛像颈部塑造成直接滑至胸部，与通肩式袈裟的圆领圆满对接，使人感到非常饱满、圆润、坦荡，当我们看到佛像的面容之后，目光也是从颈部滑下继而注目整座雕像的。如果将颈与胸的分界线清晰地塑出来，就立刻会有断开与多余的感觉。由此看来，这种似乎不符合解剖原理的处理却胜于科学的处理，也正是艺术家独具匠心的创造力的魅力所在！

下面再介绍几尊敦煌的菩萨像。菩萨像在敦煌彩塑中占有重要的地位与数量。菩萨的属性在佛教中是非男非女，在印度菩萨多为男像，有胡须。佛教传到中国，特别是隋唐以后，逐渐演变为女像，走向世俗化，但仍旧保留着胡子，这是因为佛教思想需要通过形象化的艺术去感染众生。古代雕塑大师创造了千变万化的菩萨像，使人与佛之间缩短了距离，我们也可以在各个时代不同的菩萨像中领略各个时代的审美观念的变化与追求。

（一）第432窟　西魏　中心柱龛外南侧的菩萨像

菩萨身材修长，头戴宝冠，插有簪子，双耳饰带长垂，头部微微向前倾斜，颈下有项圈，面相圆中带方，广额高眉，五官紧致，微有笑意的神情和关注的眼神透出了一种稚气，纯净秀雅。菩萨上身半裸，身着长裙，她左手贴在胸前，右手下垂，手心向外提净瓶，身体的重心略略向左。帔巾自双肩而下在腹部打结，然后分别搭于双臂的肘外下垂。裙裾从腰前反转折叠下垂，裙摆呈喇叭形展开，腿部的衣纹呈倒

莫高窟第275窟（北凉）

莫高窟第275窟,《三菩萨乐伎合奏》(北凉)

莫高窟第275窟，交脚弥勒菩萨像（十六国）

莫高窟第254窟,中心塔柱及南北壁(北魏)

莫高窟第257窟,《鹿王本生图》局部(北魏)

莫高窟第257窟,
思维菩萨像(北魏)

莫高窟第248窟,
释迦牟尼像(西魏)

莫高窟第259窟，禅定佛像（北魏）

莫高窟第285窟（西魏）

莫高窟第285窟，《伏羲女娲图》（西魏）

莫高窟第397窟,龛顶壁画(隋)

莫高窟第323窟,《张骞出使西域图》(初唐)

莫高窟第332窟（初唐）

莫高窟第328窟,弟子阿难与半跏坐菩萨像(初唐)

莫高窟第112窟,《反弹琵琶》(中唐)

莫高窟第45窟,菩萨像(盛唐)

莫高窟第130窟，南大像（盛唐）

莫高窟第61窟，东壁北侧供养人（五代）

莫高窟第61窟，《五台山图》（五代）

莫高窟第61窟,东壁门南供养人(五代)

榆林窟第25窟,《耕作收获图》(中唐)

榆林窟第6窟,《供养人像》(元)

阶梯式,飘带上饰以等距离线纹,装饰性极强。

整身菩萨像白色的肌肤与下身石青间白色反转的裙裾相呼应,帔巾用石青晕染,从贴肩的弧形到打结绕肘下垂的独特处理,使这身菩萨尽显少女般的纯洁、清秀与美丽,成为西魏风格的代表作。

(二) 第416窟 隋 南侧菩萨像

这身菩萨像是我在敦煌莫高窟工作时临摹过的,格外能品味出其中朴素的美。在敦煌彩塑菩萨像中,这身菩萨像十分简洁,素净至极,几乎没有任何额外的装饰,只有简约的头饰、帔巾和裙。我执拗地感觉她像一个村姑,有着朴素无邪的单纯,宽阔的额头,挺直的鼻梁,上唇嘟起。我仔细观察过这尊塑像,似乎可以看到塑匠当年塑造的手法和压痕,菩萨拿拂尘的右手背上也可以感觉到快速塑捏的痕迹。因为极有个性,这尊菩萨像令人印象深刻。我想象塑像的匠师一定是一位朴实的平民工匠,他应该是一个极为内向的人,不张扬、不善言说,所以塑像里有了他朴素、平实的内心抒发和表达。

(三) 第159窟 唐 龛内南侧菩萨像

菩萨云髻高耸,两肩披发,脸形圆中带方,柳眉上扬,眼角上挑,亭亭玉立,全身有轻微的S形扭动,两腿挺直站立,重心却在左脚上,形成左胯突出的动态。左手曲肘上举外扬,右臂自然下垂,手握横贯腿部的帔巾。菩萨的神情凝练、温婉、冷峻,整身像给人以娇而不媚、高洁而尊贵的感觉。

这尊菩萨像的彩绘可以说精美绝伦,宽大的帔巾覆盖上身,彩绘海石榴卷草纹,用赭石勾线,石绿、赭红、黑红等色描绘在白底上,纹样十分灵动,清晰美观。菩萨的内衣用朱砂底色画茶花,下身系团花纹朱砂红裙。聪明的工匠在红衣红裙之间加了一条石绿的腰围,使内衣的红色与裙子的红色相隔离,既有变化又有统一。在裙子前摆的宽花边上仍然用了白底色,赭石勾线,绿色卷草纹。裙边翻转,露出裙子里面的绿色与横绕在双腿前的帔巾花纹产生了纵横呼应的艺术效果,这绝非一般工匠所能构想。时至今日,细细品味也仍然赞口叫绝。

这尊彩绘菩萨像展现出的丝绸之美应该是古丝绸之路最有力的佐证,它的艺术魅力值得用一生去品味。

(四)第45窟　唐　龛内北侧菩萨像

第45窟是唐代最有代表性的特级洞窟。龛内一铺七尊像,主尊释迦牟尼,南北侧两弟子阿难、迦叶,突出了一小一老的人物个性,南北侧两菩萨属一个类型,南北侧两天王属一个类型,古代雕塑大师对人物整体造型有着细致入微的刻画与高超的艺术表现力。

菩萨身材修长,全身动态呈明显S形,头梳高髻,面部椭圆丰润,眉目舒展,眼睛微张,朱唇含笑,娇媚可人。菩萨的璎珞垂于胸前,丰满匀称的上身裸露至腹部,帔巾斜挎,左臂曲肘前伸,右臂下垂,两腿分开直立,右胯突出上提,重心落在右脚上,全身姿态自然优美动人。下身着双层华丽锦裙,衣纹精美、色彩厚重,并贴有金色装饰纹。与佛、弟子、天王的肉红肤色相区别,菩萨采用了洁白如玉的肤色,更显雍容华贵、高洁纯净,充分展示出唐代成熟女性的高贵气质,令人过目不忘,铭记于心。

设想当年的佛教信众在朝圣这些优美的宗教造像时,一定会得到心灵的无限慰藉吧！

（五）第194窟　唐　龛内南侧菩萨像

这一尊彩塑是敦煌菩萨像中最令人瞩目的,集唐代女性的典雅、娴静、妩媚于一身,也是体现丝绸衣裙最完美的范例之一。

菩萨头梳双环发髻,面形丰硕,圆如满月;宽坦的额头上柳眉高挑,眼睛细眯,含情欲语,鼻梁挺直,犹如花瓣的双唇轮廓清晰,嘴角深窝,抿含笑意。上身着无袖圆领绿衣,双肩搭帔巾垂至腿部再上下平行环绕,一头上行绕搭于左肘,一头由右手提拿。圆领口翻边露出坦荡的颈胸,肩头圆润,微微向左的面部和向右略斜的胯,整体动作协调、自然,雕像静中有动,产生了含蓄、微妙、耐看的丰富变化。搭在菩萨肩部帔巾的褶纹变化以及从腰前翻垂下来的长腰带先宽后窄,至腿部打了一个双环结,再由窄到宽下垂至莲台。只有对艺术痴迷的工匠高手才会如此着力于每一个细节独特的创造。菩萨衣裙的色彩以绿色为主调,纹样变化彩绘出了刺绣、印染、织锦的丝绸质感。裙褶与翻转叠压的裙裾既有装饰性又增强了动感,体现出古代雕塑大师的写实功底和归纳、概括运用自如的艺术表现力。

这尊菩萨像身居世界文化遗产的高度,成为东方艺术审美观的典范之作,不由得让我们向这些先辈巨匠致以深深的敬意！

（六）第205窟　唐　佛坛南侧菩萨像

这尊菩萨像是盛唐时的代表作品,虽然面部五官、双臂受损,但依然散发出唐代艺术的无限风韵和艺术魅力。

菩萨头形与面部圆润饱满,体形健美,上身半裸,肌肤紧致而柔软,可以看出古代雕塑大师高超的写实功底和对人体骨骼比例结构的准确把握,对人体肌肤艺术恰到好处的表现。围腰与长裙的衣纹褶皱随人体关节动态进行变化,富有装饰性和韵律感。特别是衣裙与莲座的自然连接,以及莲瓣上的几组优美衣褶,这种完美的艺术表现力足以使观者忽略它的残损。

(七)第96窟　初唐　北大像

弥勒佛像,像高35.5米,依山而坐,大家熟知的敦煌九层楼就是为这尊大佛依山营建的。

根据《莫高窟记》所载,这个窟的创建时代是证圣元年,即公元695年,是武则天当政之后建造的。武则天于公元684年当政时,当时有僧人名为薛怀义与僧法明,他们造了《大云经》和《大云经疏》,经书中说"武则天就是弥勒下世",武则天听闻后非常高兴。公元690年,武则天登基称帝后自称为"慈式越古金轮圣神皇帝",下令在全国颁布《大云经》和《大云经疏》,在各州县建造大云寺、造弥勒像。莫高窟第96窟的北大像就是在武则天称帝后第五年建造的,从这里可以看到宗教与政治的密切关系。

由于雕像巨大,掌握人物的面部五官比例,形体的宽度、厚度绝非易事,当时的建筑工程技术高手与雕塑大师一定有一套严密的测量、计算比例与实施操作、检验的科学方法,体现了古代技师与艺术家共同合作的智慧与相互默契配合的才能。

大佛倚山而坐,肉髻、波状发纹,面部圆满、五官对称,两腿下垂,右手抬起施无畏印,表示解除众生痛苦,左手置于左腿上施与愿印,表示满足众生的愿望。大佛身上的彩绘是1928年重修窟檐时后代彩绘,右手是1987年由敦煌研究院专家修复的。

（八）第130窟　唐　南大像

南大像高27米,是莫高窟中的第二大像,大像前曾有东西长16米、南北宽21米的殿堂遗址,也是莫高窟窟前殿堂遗址中规模最大的。

这尊弥勒像保存得相当完好。大佛倚山而坐,头部微微下俯,面相圆润饱满,双眼半张,慈眉善目,神情宽厚。左手平伸,手心向下抚在左膝盖处,右手施无畏印,肘部倚在右腿的经书上,双腿下垂。

值得注意的是这尊佛像的比例。古代民间艺术家有口诀"立七坐五盘三半",意思是以头部的尺寸作为比例标准,立像有七个头的比例,坐像有五个头的比例,盘腿坐有三个半头的比例。大佛坐像总高27米,按照坐像口诀"坐五"的比例,头部应是5.4米的高度。但是这座大像头部却有7米高,也就是说这尊大佛坐像只有四个头的比例。我认为这是古代建筑师、雕塑家充分分析了观众从近距离仰视的直观效果,经过科学测量和运算,根据近大远小的透视规律,通过大胆的比例夸张和严密实施,寻求到信众从不同高度瞻仰的最佳视觉效果。今天我们从地面向上20多米仰望时,依然能够清晰地观看到、感觉到古代雕塑家传递的大佛慈悲为怀、垂怜众生的面庞神情。曾有一个机缘,使我发现了古代雕塑大师在大佛面部精心塑造的几处绝妙之笔。1962年至1974年间,我在敦煌文物研究所(今敦煌研究院)工作时,适逢第130窟的窟顶进行维修,搭了30多米的脚手架直达屋顶,所里的专业人员都爬上架去观看,我也因此有幸近距离欣赏到大佛的真容。我目睹到大佛的嘴角深度极度夸张,几乎是从两颊转进去的;嘴唇的轮廓塑造异常清晰肯定,在上下唇线内又增加了一个小的体面;挺直的鼻梁比正常比例低许多,鼻头下面的面是扁三角形的,鼻孔特别小。我认为这些都是建筑师、雕塑家精心安排的,他们根据人们的心理需求,缩减了鼻子的高度,缩小了鼻孔的比例,使人们仰望大佛时,就能首先与佛的眼神相对接,直接观看到佛的慈悲面容。此外,大佛的面部非常圆润,但垂肩的两耳采用了非常硬朗的体面来塑造。正由于面部的圆润,耳朵必须刚硬,与面部形成刚柔相济,也恰恰是有棱角的方硬耳朵将巨大圆润的面部向上提住了。设想大佛的耳朵如果按真实的柔软度做出来,巨大的圆圆的脸,就会软过了头,会有下坠的感觉了。

想到这里,我们只能对古代艺术大师的超群智慧与精到完美的塑造又一次拍手叫绝了。

五、敦煌彩塑的临摹与研究

敦煌彩塑的临摹与研究十分重要,在临摹中可以发现古代雕塑家的创造力。

以下我将分享我的两个临摹阶段。

第一阶段,是忠实临摹敦煌彩塑第159窟唐菩萨像、第197窟唐菩萨像、第194窟唐北侧天王像。临摹时须全神贯注,做这一件只看这一件,运用专业技能与基本功仔细比量,精心塑造和彩绘,力求摹制品与原作一模一样,争取达到美术组全体专家评定的甲级和甲上的标准。第二阶段,是要在临摹中,不仅用眼睛观察,也要用心观察,由此常常会有意外的发现和收获。那是在几年后，我又接受了临摹第194窟龛南侧另一身天王的任务。第二次跨进这一洞窟，在临摹工作的休息时间里，我下意识地将这尊天王和过去临摹的那一尊天王对照着看了几个来回，从偶然发现两身天王一处、两处、三处不同，引起了我寻找两天王变化的浓厚兴趣，没想到竟发现了两身天王有十三处完全不同，这十三处是：1.神情：一怒一笑；2.肤色：一怒红，一笑白；3.头顶：一帽一髻；4.胡须：一无须，一红须；5.甲胄的领口：一向内弯，一向外弯；6.肩部：一饕餮，一翘角；7.胸前护肚：一圆边，一云头；8.胸前直带：一皮带，一绳带；9.腰带：一皮带，一绳带；10.腰腹前：一云头，一扁方；11.锁子甲下摆：一前面开口，一前面无开口；12.裤腿：一裹叠，一散开；13.足腕：一平卷边，一百褶边。这一发现使我激动不已，我觉得自己几乎就能够触摸到古代匠师的心跳了。这么精巧的处理，显然是技艺超群、聪明过人的雕塑大师经过周密推敲、精心布局塑造后完成的。

我又继续思考，他们是怎么想的？ 他们为什么要这样安排呢？我找出了答案。在当时，他们只能在三个有限的前提下进行创作：一是在宗教规定的题材范围内，二是在有限的佛龛内，三是在固定的位置内。这三方面的限制，对塑匠的创造才能无疑是一种难以突破的束缚与限制，但聪明的巧匠正是在这有限的范围里，施展了巨大的智慧和高超的技艺，竟使同样动态、相对而立，间距不到三米的两身天王产生了类型不同、神情不同、个性不同的艺术魅力，令人惊叹佩服！

由于突破了对两身天王的比较，我兴致大增，又对天王像所在的唐第194窟整铺塑像做了进一步的观察和分析。我注意到塑工们从造像的安排、人物的处理到色彩的变化、解剖的运用等方面都有独特的创造。造像安排：有主有从、有动有静，互相穿插形成起伏和对比。色彩变化：人物肤色有红有白，红白交错，相互衬托，变化多样。解剖运用：据年龄、性格、动作、神态决定肌肉的夸张与否，有些部位在塑出肌肉的同时，再加以色彩的晕染，使肌肉更加突出，这些变化极大地丰富了主体造像的感染力，但造像之间又十分协调，这是由于每身塑像都不同程度地运用了赭红、石绿两种色彩基调，把九身不同年龄、不同个性、不同神态的造像自然和谐地统一在整铺塑像之中。

这一洞窟中的精妙之笔，还在于有一尊独一无二的笑脸天王像，有一尊张嘴呼喊状的力士像，那力士使你感到他张开的嘴里正呼出一股股热气来。那绿彩衣裙的菩萨微张细眯的双眼，就像在与你对话，那塑出来的右手指就像有血液在肌肤下流动。

后来，我又在唐代优秀代表洞窟中，选取了第328窟与第194窟进行比较。显然，这两个洞窟同是宗教造像，又同是以高超的技艺取胜，但不同的塑匠对同类题材的构思、艺术处理，又有各自不同的偏重和独特的手法，注重整铺雕像的变化统一和氛围的营造，所以这两个洞窟各自都形成了强大的艺术感染力。

唐第328窟的塑像由佛、弟子迦叶和阿难、两胁侍菩萨、四供养菩萨组成。进窟后第一个印象是冷峻，气氛肃穆、庄严。佛正中端坐，目光垂视；阿难虽年轻好动，但面部表情认真严肃；迦叶双手合掌，浓眉紧锁，虔诚持重；两胁侍菩萨为游戏坐，形体较大，身着华丽彩裙，金光灿灿，一足下垂，莲花托足，安详而尊贵，那微微下垂的眼神，正居高临下，透出冷峻、超凡；再加上龛台外侧四身体形较小的供养菩萨（其中一身被华尔纳盗走）一心供养虔诚的神态，这些都令人顿感可望而不可即，整窟形成神圣不可侵犯的浓郁氛围。

而站在唐第194窟内，造像的气氛则完全不同。佛、菩萨、弟子大都面容和善，微眯双目，微笑中尚有稚气的微笑、文静的微笑、妩媚的微笑，连天王也露出憨厚的微笑。身居其中，你会感到亲切、和谐、温暖，你会觉得这些塑像在随时聆听你的烦恼、痛苦和欢乐，那神情真好似愿给你安慰和幸福，让人愿意驻足在此，流连忘返。形象的感染产生了回应，这正是艺术的永恒魅力所在。

我在观察敦煌彩塑时，还常常设想，试图挪动一下某一处衣纹、衣褶，最后总是以否定告终。那些绝代精品的确是达到了任何一处都不可改动的地步，只能说是优美绝伦，无与伦比。

从这些古代艺术精品中，我们能够想象出当年塑像的古代雕塑家们不但具有高超的技艺，而且是在用生命来塑像。日日夜夜，岁岁年年，他们将自己的肉体和心灵一点一滴融入作品中。生命消失了，艺术永恒了。

从灿烂的敦煌艺术与历史文化遗产中，我们终于得以读懂创造古代文明的老祖宗留给我们宝贵的遗产精髓就是"创造"两个字，这也正是中华民族五千年文明得以生生不息的精髓。

这些艺术精品历经千百年的灿烂文化，静静地屹立在世界民族艺术之林，以巨大的推动力呼唤着新的未来。

感恩祖先的灿烂文明照亮了我们前进的方向，感恩前人的艺术激活了后人的创造基因。传承创新是我们的使命和责任担当，我们必须用新时代的文化创造，使五千年文明得以延伸。

第八章　敦煌图案艺术

关友惠
敦煌研究院研究员

敦煌石窟艺术由石窟建筑、彩塑佛像和壁画三大部分组成，装饰图案属于壁画部分。不同于壁画中的人物画，图案艺术有独立的体系，职能是装饰石窟窟体建筑，美化彩塑、壁画中的佛、菩萨等人物形象。图案装饰把石窟内的建筑、壁画和彩塑连接起来，组合成一个协调统一的整体。一座石窟如果没有图案装饰就无法成为一个完整的石窟艺术，就不能展示其庄严与华美，由此可见图案装饰在敦煌石窟艺术中的重要性。图案是对物像的高度抽象化、异形化，具有鲜明的装饰性，敦煌壁画最显著的艺术特征就是装饰性。但敦煌壁画并非都是装饰图案。一切图案装饰作品都有它特有的载体，没有无载体的图案装饰作品，譬如窟内顶部的藻井图案，如果把它单独拍照或者临摹下来去展览，就会被误认为是一方头巾或是一块台布。北魏石窟内斗拱下的竖条边饰如果离开了斗拱，也就失去了它在窟内作为立柱装饰的含义。

纹样是图案构成的素材。当纹样被组构成一幅完整的图案装饰于特有的载体时，这些纹样才能被称作图案装饰作品。石窟画工把这些华美的纹样组构成适合于石窟内各个不同部位的装饰图案，纹样与特定的载体得到完整和谐的结合，这就是敦煌石窟装饰图案。

敦煌石窟艺术可分为早中晚三期。早期即北凉、北魏、西魏、北周，从5世纪初到6世纪下半叶，这是敦煌石窟艺术的发展期。在这一时期，西域与中原内地文化艺术东来西往在这里交汇，形成了中原西域艺术交融的特点，而这一特点在石窟装饰图案方面表现得最明显、最突出、最具代表性。早期石窟以中心柱窟为代表，窟中央的方柱是中国化了的仿印度石窟佛塔，塔柱四面凿龛塑像，是中印石窟建筑融合的典型。窟顶前部是人字披屋架，画有梁柱椽枋斗拱，后部是平顶彩画天花板，称为平棋。

窟内装饰图案可分为窟顶平棋、窟顶人字披、窟壁边饰、佛龛楣饰、佛像背光等五种，纹样主要有莲花纹、忍冬纹、编织纹、云气纹，火焰纹等五类。

莲花是佛教净土的象征，也是佛教装饰的基本纹样，佛、菩萨结一莲花为座。敦煌早期石窟平棋中的莲花纹源自西域。

忍冬纹为植物纹样，花形像一叶侧视的叶片，叶片多为四裂，下一片向回卷曲，上一片尖端稍长，向外伸弯，基本结构形态是以波形流动状，有单叶波状连续、双叶波状连续、对波交枝双叶勾连、回卷式、波浪式等。忍冬纹源自西亚，我国新疆、云冈诸石窟均有绘制，而敦煌石窟最为丰富。

编织纹属几何纹，仅纬直线相交结成方格网状，以数的变化，相间添色，同一异构架呈现出多种编织纹样，也源自西域。

云气纹，基本造型是一个连续S形，是中国古人天空流云气象观念的一种形象概括,在战国漆器、丝织物中均可见到,寓意吉祥。

火焰纹,其形如炙热火苗,或连续呈带状,或与摩尼宝珠组成单独纹样,寓意光明、清净,在佛教艺术中象征佛光。

石窟早期装饰图案以窟顶平棋图案为代表。平棋是中国古代殿堂内顶部的装饰,今人称天花板,其单元结构是四条木板结成一个方井,方井之内再交错套叠,如此三重。方井中央是一圆形莲花,四角隅饰火焰宝珠或飞天,若干方井向四方连续连成一顶平棋,方井四边边饰以忍冬纹、编织纹、云气纹为主,组成连续的纹饰。

人字披顶,窟内仿木构建筑的梁、檩、柱、枋都是以图案边饰示意的。人字披顶仿木椽则有泥塑的,也有画的。屋脊檐枋边饰带以忍冬纹、编织纹、云气纹相间涂饰,呈现出强烈的韵律感。红色椽子饰金钉纹,纹样两端各为三个长三角,中间束腰,这是仿战国时期木构宫殿建筑加固各部位的一种金属构件,椽子之间为白地,均画天人持缠枝莲荷纹。

北魏晚期,人字披图案缠枝莲荷纹渐渐被忍冬纹所取代,叶纹纤秀,纹样中呈现摩尼宝珠。到西魏时更画有飞天和各种禽鸟。至北周又是一变,纹样以莲荷为中心,花型小而倾向自然生态,是中国传统造型。莲荷两侧是硕大的忍冬形荷叶,纹样中间有祥禽、灵兽、飞天,与中原所见北齐石雕佛像的纹样无异。龛楣与佛背光图案、佛龛与龛楣是一个整体,佛龛圆拱形,象征山林石洞,龛楣在龛外的上方,下方是圆拱状的横梁,上方正中呈尖凸状,两端向下弯弧,与横梁相接,坐落在佛龛两侧的立柱上,龛楣边沿绘火焰纹,内画莲荷化生童子,双手舞弄忍冬形的莲子荷叶。莲荷化生与火焰纹象征佛国净土与佛法光明照耀。

北魏末西魏时期，龛楣装饰更为华丽，化生童子多持乐器，像是一组乐队，还有各种禽鸟，非常精美。

北周时，龛楣莲荷纹逐渐趋向自然化，受中原新艺术的影响，这里应注意龛梁。龛梁为泥塑凸起，呈半圆状，绘五彩鳞甲纹，梁体两端塑兽头，后明确为龙头。龙作为一种神灵物象，自古中印皆有。佛教中的龙是守护佛法的天龙八部之一，中国汉文化的龙可追溯到数千年前，在山东与河南考古发现的汉代石窟中都有拱形同体双首龙，与佛龛龛梁近似，但与佛教无关，而是表现天空的彩虹。敦煌画工以中国传统文化为象征，巧妙地把中国龙与西域佛龛绘有鳞甲纹的梁体相结合，绘制出敦煌石窟佛龛龛楣图案。

佛背光图案是画在佛像背后的装饰，包括头光和身光。印度早期佛像的显著特征就是头上有一光环。依佛经所说，佛是圣人，身有三十二相，其中有身金色相、常光相，身体经常放射着金色的光芒。中国人最初对佛像的认识也是佛光，四川、山东发现的东汉佛像，依据标准就是头上的光环。圆光内饰有纹样的作品，现知最早的是印度马图拉的释迦牟尼佛像，头光边沿雕刻着如同中国汉代铜镜上的连弧纹。新疆和田附近发现的一尊4世纪木雕佛像，头光、身光上均刻放射状的直线，表现的是太阳光芒，是西方艺术之风。新疆库车附近龟兹诸石窟壁画，佛像背光大多是一个多层色环，环内少有纹样；偶有所见，则多画放射状波线或折线。波线、折线虽然简单，却与直线有根本的区别，其形近似火焰，是以火焰表现佛身放金光。敦煌石窟早期佛像也是以火焰纹表现佛光，其源于中亚，纹样更近似真实火焰形态，可归纳为单头火焰纹、多头火焰纹、单头套联火焰纹、多头套联火焰纹、忍冬形火焰纹等多种。北魏佛背光中夹画有千佛、天人、化生，以佛经所说，是佛光所化。背光由多色环组成，外环较宽，依次向内逐渐变窄，色环外层画多头火焰纹，分别以青与绿、灰与白、深赭与淡赭几种不同色组反复涂饰，即使是同一纹样，在连续中也呈现出鲜明的节奏感。内环隔层间画各种不同的火焰纹。北魏末至西魏，背光纹样涂色，采用新的连续套联法，把同一环层中的前一组纹样的尾部与后一组纹样的首端，用同一种纹样涂饰，使前后单元纹样连续不断，成为一个整体，在视觉上形成纹样相交，形色难分。这一技法的进步应是从汉代丝织彩锦、刺绣云气纹上得到启发。北周佛背光不如北魏、西魏华丽，呈现出简化的现象，新纹样有齿条形火焰纹，纹样简洁，凭借色彩进行造型。还有一种火焰纹，其涂色方法是前一组纹样的颜色则是后一种纹样的底色，如此循环连续，使观者无不目眩。

隋代图案内容丰富，先期传入中原的诸多西域纹样此时一并涌入敦煌，石窟装饰以窟顶藻井、佛龛楣饰为代表。藻井有四种类型，即套叠方井藻井、飞天莲花藻井、缠枝莲花藻井、多瓣大莲花藻井等套叠方井藻井中央画汉式传统的八瓣大莲花，有十瓣、十二瓣、云行瓣等多种花形。莲花中或有三兔纹、化生童子、旋动的色轮等。有的方井角隅绘有一个人身兽头、双臂生翼的神兽，这种形象有什么文化、宗教含义，有待进一步研究。方井四周帷幔缀饰有押边鳞状甲片，忍冬纹长三角是仿真实物绘制的。飞天莲花藻井的井心宽大，绘八瓣大莲花，飞天环绕撒花，这种样式中原和北朝石窟均有，是对其模仿，不同的是飞天群中夹画有一种异禽鸟，异禽有人头、马头、牛头、鸟头，方井边饰中绘有禽鸟联珠纹。缠枝莲花藻井方井中画八瓣大莲花，周围环绕缠枝莲花。这种缠枝以北朝龛楣忍冬形缠枝为基础，又吸收了中原缠枝纹特点，看上去似有中原缠枝风格的影了，又感到一种敦煌北朝图案的气息。方井内纹样在布局上注重四角隅莲花化生童子，东西南北四方莲花摩尼宝珠与中心大莲花之关系，形成众星捧月之势。多瓣大莲花藻井中心方井变小，内中莲花有十瓣、十二瓣、十六瓣，或画圆轮式莲花，井外边饰层次多，绘长条连珠、方块甲片、单波缠枝，帷幔中三角纹变短，基本形成了由中心方井莲花、井外边饰层、帷幔三大部分组合成的藻井图案格局，并为唐代所遵循。藻井边饰中的联珠纹帷幔中的忍冬三角纹是隋代图案纹样中的两颗明星。联珠纹于5世纪传入中原，隋代石窟联珠纹中有狩猎、对马、鸟纹、各种莲花，主要装饰于佛像、菩萨衣裙及佛龛口边饰上，并延续至初唐。帷幔上的三角忍冬纹是由两个侧视忍冬叶片相背合成的，可视为正视忍冬叶纹。

　　隋代佛龛有两种，即圆拱形龛与方口形龛，龛楣图案也分为两种，圆拱形龛是北朝旧时的余绪。楣饰叶沿袭老样或全画以简式火焰纹，方口形龛是新式，楣饰层横长状，上半画火焰纹，下半画莲花缠枝纹，火焰纹较简洁。莲荷纹楣饰分为满地缠枝和单枝缠枝，两种缠枝均为横长形，中央画莲花童子或菩萨，手持莲枝向两侧对称分布，满地缠枝叶子稠密，不留空地。枝茎隐于密叶之中，莲荷、化生童子、摩尼宝珠甚小，突出叶纹茂盛形象，有浓密之美。单枝缠枝是以一条波状枝茎为主干，分枝弯转回旋，茎上莲荷形态各异，花中有奏乐童子、摩尼宝珠、叶纹等，凸显莲荷伎乐童子形象。方口龛楣横长缠枝莲纹的出现预示了龛楣装饰图案已临近终结。隋代图案丰富多彩，可是作为代表作的藻井图案，其结构尺寸比例与窟顶覆斗形状之关系显得还不够协调，纹样布局显得无序，色彩显得单调。这也展现出敦煌石窟藻井图案初期发展时的曲折探索历程。

　　唐代是敦煌石窟艺术繁荣期，特点是一切都富于中国化，并保有敦煌的印记。装饰图案日臻完善，纹样形成体系，绘制出了最具代表性的、与石窟形体最相适合的、完善的唐代藻井图案。唐代图案纹样有莲花纹、缠枝卷草纹、团花纹、几何纹四大体系。莲花纹是单独纹样，花瓣有平瓣形、桃形、叶形、团形、茶花形、卷瓣形多种，主要装饰在藻井中心方井内，亦可连续成边饰，或组合在几何纹中。不同花形反映出不同时段的特点。缠枝卷草纹是边饰连续纹。现知最早的缠枝卷草纹是印度马图拉5世纪石雕佛像头光上的纹样。唐缠枝卷草纹受隋莲花缠枝纹的影响，但属于不同体系。缠枝卷草纹有二类、三系、五种。第一类是缠枝莲花纹，特征是叶纹平展，分为两种。一种由圆叶、长条叶、卷头叶多种叶形组成，自成谱系。另一种花形由三裂叶片组成缠枝，上无附叶，是简化了的缠枝。第二类是缠枝卷草纹，其特征是叶纹均呈回卷状。缠枝石榴卷草纹、缠枝莲花卷草纹、缠枝百花卷草纹三种并存且互有影响。缠枝卷草纹最为丰富，又派生出单枝缠枝、多枝缠枝、大叶隐枝缠枝等。团花纹是从单独莲花纹种派生出来的一种花形，是莲花的另一类型，其区别是莲花是绽放的，团花是饱和的。团花在唐代社会生活中流行最为广泛，石窟装饰中处以单独纹样装饰藻井中心，或是连续成边饰装饰于藻井、窟壁、佛背光。几何纹有菱格纹、龟背纹、方壁纹、方胜纹等，连成边饰，装饰窟壁与藻井，主要用色彩造型求其变化。其他图案纹样还有葡萄、石榴、璎珞、铃铛、珠玉等小纹饰。唐代石窟装饰图案就是由这些纹样构成的。

　　初唐藻井依中心纹样有葡萄石榴藻井、石榴莲花藻井、莲花藻井,葡萄纹、石榴纹均源于西亚。初唐葡萄藻井纹样简洁,作四出十字构架,紫藤环绕成网状,沿分枝饰葡萄纹,四角画石榴纹,葡萄纹有写实形与示意形两种。示意形是一片片多弧小叶"亦叶亦果,智慧之花"。石榴莲花藻井,石榴外形如桃子,由两片侧视的忍冬叶片合成,刨面露籽,亦作四出十字架构,四角饰莲花,方井外边饰、帷幔与葡萄藻井相同。这种四出十字构架法与敦煌魏晋墓室所见彩绘两重四叶莲花砖纹样相同,有一定承接关系。莲花藻井数量最多,堪称主流。有一种平瓣莲花藻井还保持着隋代遗风,其数不多,纹饰桃形瓣莲花藻井,莲瓣形似上述的石榴纹,然同源不同系,花瓣两侧包含的忍冬纹,其特征已经不明显,变成了两条常叶。花瓣内空间宽大,花中有花,花瓣左右相连、内外重叠,视觉上形成层层绽开状。莲花整体呈放射状。方井外边饰层次少,以单枝缠枝卷草纹为主纹样。

盛唐图案组成纹样的母体纹,发展已经完备,忍冬纹有圆形、亚形,卷云纹有单头多头椭圆形,叶形纹有多裂叶、圆形叶、长条叶等,以之合成桃形莲瓣、云头形莲瓣、叶形莲瓣和各种卷草纹。这些基本纹案为组构藻井中心方井中的莲花和各种边饰图案的发展奠定了基础。盛唐藻井图案有桃形瓣莲花藻井、叶形瓣莲花藻井、团花形莲花藻井。桃形瓣莲花藻井与初唐同类藻井不同,花形组合中的卷云纹、叶形纹增多了,花形呈收合状,方井外边饰层不多,以单枝卷草纹、团花纹为主纹样,叶形瓣莲花藻井中心莲花由八片多裂圆叶组成,瓣片以两重或三重平面铺展,有人称为宝相花,取吉祥意。这种主要绘于唐开元至天宝年间。方井四周边饰,开元时层次少,帷幔简洁;至天宝时,中心方井日渐变小并向上凸起,方井四边边饰层次增多,由外向内次第递减,由宽而窄,仰望藻井颇有深渊之感,边饰纹样以团花为主，饰以菱格纹、龟甲纹、方壁纹等多种几何纹。帷幔由璎珞彩铃装饰，始现华丽。团花藻井花形呈圆形，故名团花，由桃形瓣、叶形瓣、椭圆卷云纹和一些零杂小花组成方井，外边边饰层次多，以团花菱格纹为主，以及大叶卷草纹、方胜纹、百花草纹等。帷幔多画圆形甲片锦彩铃铛，团花花形圆满庄严，整齐规矩层次排列有序，呈现出稳定严谨的秩序感。石窟藻井装饰纹样由简而繁，至盛唐达饱和状态。初唐图案花形是向外开放的，有一种张力；盛唐图案花形则是向内收合的，呈现出一种饱和稳固的状态。

中唐敦煌处于吐蕃统治之下，与中原交通不畅，也影响了敦煌艺术的发展，石窟图案装饰与盛唐相比，风格有显著差异。纹样弃繁从简，色彩变浓艳为淡雅，图案纹饰主要是藻井、佛龛顶部平棋和佛背光。藻井分茶花纹藻井、平瓣莲花纹藻井、卷瓣莲花纹藻井、团花纹藻井四种。四种藻井中的边饰层和帷幔纹样大致相同，边饰一般为三五层，纹样以卷草纹和回纹为主，配以菱格纹、方胜纹，帷幔中的纹样已经简化为短小密集的齿状三角纹。茶花纹藻井中的花形是由六个或八个单体茶花结成一个大花环，花环中央置以小莲花，茶花中有的夹画石榴纹。茶花在中唐石窟装饰中应用非常广泛，除藻井外，四壁边饰、佛龛平棋、佛像背光都有绘饰。茶花也是一种时兴纹样，在中原已经流行，盛唐末出现于敦煌。卷瓣莲花藻井花形正圆，瓣片有八瓣、十瓣，瓣片回卷呈包合状，如同一朵欲绽的花蕾，花中或有狮子、三兔、团龙、灵鸟等禽纹，是中唐藻井中最多的一种，并为晚唐、五代所承袭。这种纹样与皇室贵戚家的金碗银盘、铜镜上的纹样属于同一类型，是对器物纹样的模仿。平瓣莲花纹藻井的莲花瓣片方头微尖、无裂，八瓣或十瓣，瓣片平展单层。平瓣莲花流行于隋及初唐，中唐予以改造,瓣片变为方头,纹样简洁,增强了装饰感,画中画有狮子,方井外边饰仍以卷草纹、回纹为主。团花纹藻井方井中的花形组合构架,与茶花藻井的花形基本相同,即以六个或八个单体花朵联成一个大花环,环内画一个平瓣莲花。团花花环的单体花形为椭圆形叶片,叶片蒂部为内卷云头状,这种以内卷纹和多裂圆叶纹组合的单独纹样在盛唐已有,至中唐被用作藻井主纹样。

晚唐石窟装饰图案是中唐的延续,并日渐程序化、简易化。藻井仍以莲花为主花饰,造型有卷瓣平瓣,花中有狮子、三兔、灵鸟等,皆沿袭中唐旧样。方井四周边饰层次多,帷幔纹样繁缛,几乎囊括了盛唐以来的所有纹样。简易者,藻井方井中只画一朵或两朵平瓣大莲花,四周边饰和帷幔也很简略。比较有特色的是大窟中央佛坛背屏装饰窟形特大,中央设放心佛坛,佛像后树背屏,画凤鸟石榴卷草,火焰纹背光,顶上画宝盖,宝盖后画菩提树,树冠由多个葵状花饰合成。叶形瓣呈放射状,中心是石榴纹。纹样虽是旧样,组合成却有新的奇象。

五代、宋时期,敦煌与中原王朝只是名义关系,实际上是一个远悬边陲的孤立政权,石窟艺术大多沿袭前代旧样,装饰图案以龙纹为特征,一窟藻井一团龙。仿效晚唐继续开建大型石窟,图案装饰亦如晚唐,藻井中心莲花扩成一个大花环,环中画一团龙戏珠,四角画鹦鹉,边饰层中有狮凤卷草纹,略有新意,隐喻着一种据地称王的观念。宋代大量重绘前代石窟,图案装饰遍布窟顶,仍以藻井为代表,方井中心均绘莲花团龙纹,并有双龙、五龙、团凤四龙等多种,变绘制为泥塑敷金,龙体凸起,金光闪耀。此时莲花团龙已成为广泛的寓意吉祥的纹样,方井四周边饰沿袭晚唐、五代样式,纹样更为简化,排列整齐，色调冷静，成同一模式，这是宋代石窟装饰图案的特点。西夏占据敦煌以后的前几十年，石窟艺术活动似乎停滞了，重启开窟塑像画佛已到了西夏后期。西夏人带来的佛教艺术是藏传密教艺术，装饰图案艺术是宋、辽与西夏的寺庙建筑彩画装饰，与上述唐、五代、宋石窟装饰图案不是同一系统。西夏装饰图案藻井中心纹样是佛像，有五方佛、坛城、八叶九佛等。也有一个窟画了团龙，应是受五代、宋画龙之影响，但风格迥异。龙体披鳞甲，外饰五彩锐角色环，表现团龙飞腾动感，中心画佛像的藻井四周边饰层次多，纹样有缠枝牡丹、行云涡纹、圆环套联纹、工字纹、天字纹、鸾凤莲荷纹、瑞兽石榴牡丹纹等，纹样繁多庞杂。这些纹样大都能在《营造法式》中找到对应的图形纹样，是模仿木构殿堂建筑彩画而绘制的。

元代石窟少见装饰图案，基本是西夏样式。

石窟顶部装饰是图案之大成，理解窟顶装饰才能把握图案的整体，理解纹样才可辨清图案时代的特征，理解装饰与石窟的关系才能充分了解敦煌图案艺术的特点。

第九章　敦煌壁画与敦煌舞

高金荣
甘肃省舞蹈家协会名誉主席

一、异彩纷呈的壁画乐舞

敦煌石窟艺术是中华民族的先民们留给我们子孙后代的一笔宝贵的文化精神财富。它所保存的中国古代文化灿烂辉煌，我们为之感到骄傲和自豪。敦煌石窟艺术中的乐舞艺术多姿多彩，吸引了广大舞蹈工作者不断深入敦煌，收集资料，整理研究，进行创造。

敦煌石窟蕴藏着我国古代雕塑、壁画、建筑、装饰图案、书法、刺绣以及反映生产、生活等各个方面的珍贵宝物和图像资料。其中，敦煌莫高窟舞蹈音乐的资料，珍藏尤为丰富，有"舞蹈音乐博物馆"的美称。

乐舞资料主要反映在大量壁画和一些彩塑中。从事舞蹈工作的人，无论是舞蹈史学家、理论家，还是编导家、教育家都有自身的研究任务，都会从壁画和彩塑中进行研究、探索和发掘。

特别值得注意的是，敦煌石窟艺术是一种佛教艺术，它以建筑、雕塑、壁画等造型艺术方式，营造佛国仙境和天国世界，激发人们对佛的信仰和崇拜。它所反映的内容和形式大都是以宣传佛教、传播佛教教义为目的的。壁画彩塑内容主要也是塑造"神"的形象，描绘"极乐世界"，因为直观的形象比起抽象难懂的经变更为大众喜闻乐见。但是宗教的幻想实际上还是人类现实生活的折射，它是人间社会在佛教壁画中的折光反映。古代画工们是以现实生活为依据而进行创造的，离开现实生活，就无从想象和构思。所谓"天国世界"也是根据帝王宫殿加以想象神化，佛前乐舞是人间歌舞的传移模写，也就是画工们从现实生活中看到的乐舞形式和舞蹈姿态，进行选取，经过他们的艺术加工和想象，运用到壁画的创作之中。它们具有很强的艺术感染力，充分显示出我国古代劳动人民的聪明才智和精湛的艺术技巧。当我们揭去佛教的神秘面纱，就可以窥探到许许多多古色斑斓的古代舞蹈艺术珍宝。

敦煌莫高窟，几乎每个洞窟从窟顶到四壁，都绘满了五彩缤纷、绚丽灿烂的精美壁画。在这些壁画中，大都画有各种舞蹈音乐场景，形式各异、大小不同、丰富多彩、婀娜多姿的舞蹈形象随处可见。

敦煌壁画乐舞分为天乐（又叫仙乐）和俗乐（世俗乐舞）两大类。古代所谓"乐"，它都包含"舞"在内。顾名思义，天乐表现"天堂美景"、"极乐世界"和"神"的形象，有着浓厚的神奇奥秘的宗教色彩；俗乐则表现人间社会风俗习尚的舞乐场面。

在天乐中，舞蹈形象（舞姿）有以下几种：

（1）天宫伎乐：表现其在天国世界使佛欢娱的舞蹈音乐表演者。

（2）飞天（又名香音神）：歌舞散花之神，表示带来幸福和欢乐。

（3）礼佛舞伎：主要指在经变画中向佛献技礼赞的舞蹈人。

（4）莲花伎乐：在莲花中表演的舞者，多是儿童形象。

这里需要特别介绍讲解的是"飞天"，因为它是敦煌艺术的代表性符号，每当说到敦煌，人们想到的就是飞天。关于飞天的由来，表达的内涵，以及飞天在中国形成的依据，论说很多。在敦煌洞窟中，很多窟内都有飞天形象。据著名敦煌学家常书鸿、李承仙统计，仅莫高窟400多个洞窟里就有270多个壁画飞天，总计有飞天4 500多身。飞天美妙绝伦的舞姿已成为敦煌石窟艺术的代表。

飞天在壁画中有的被画在藻井四周、四角上；有的被画在藻井就是洞窟顶部的中间，在它中心或在藻井垂幔的四周；有的被画在龛眉佛光和莲花舞伎的旁边；有的被画在佛顶华缦的下边；有的出现在亭台楼阁之中；有的出现在鼓乐齐鸣、佛在说法的庄严时刻；有的随流云翱翔在极乐世界。他们或是升腾，或是俯冲，或是平翔，或是飞旋，或是畅游，或是追逐，或扭头侧身，或伸臂摆腰，伸展自如，无拘无束。他们有的拿莲花，有的捧香炉，有的散花，有的吹奏乐器，有的身披绸带飞舞，花雨飘香，丝弦缭绕，加上轻盈柔曼、婉转妩媚的神态，真给人一种无穷无尽的美的享受！

飞天，在印度佛教中叫作乾闼婆和紧那罗。乾闼婆是天歌神，浑身散发香气，又称香音神；紧那罗是天乐神，亦能歌善舞。传说他们是一对夫妻，形影不离，永远在天空中自由翱翔，载歌载舞，娱乐于神。他们是古代人们美好理想同宗教信仰相结合的艺术珍品，象征幸福美好、吉祥如意。

接下来再谈谈俗乐。在俗乐中舞蹈形象有以下几种：

（1）出行舞伎：在出行图中表演民间民族舞蹈的人。

（2）供养伎乐：出钱造窟的窟主为标榜自己的功德，将本人及其家属都作为佛的供养人画入壁画当中,有的跳舞,有的奏乐。

（3）民间舞蹈表演:有的在嫁娶图中,有的在宴饮图中。

总的来说,在敦煌壁画中世俗乐舞在整个壁画中占的分量、数量较少。有人粗略地统计,就是大概在22个洞窟中只有33幅,位置也不显著,画的技法也比较简略,不及天乐那样精工细绘。

由于莫高窟是经过10个朝代、10个世纪不断开凿的,在这长达千年之久的壁画艺术创造中,不同时代的民间画工、画师会随着时代的变化,描绘出具有不同时代、不同风格特色的乐舞。

根据壁画舞姿的风格,以及色调、构图形式及其内容,可将其发展分为四个时期。早期包括北凉、北魏、西魏、北周。此时期舞姿特点相似,外来风格也就是西域的风格浓郁。中期为隋代,它是承上启下的时期,此时期飞天的数量大增,而且飘逸轻盈,这一时期已开始受中原乐舞的影响。盛期是唐代(初唐、盛唐、中唐、晚唐)及五代。这时期唐代洞窟最多,有乐舞图像的唐代洞窟就有112个,五代是13个,而且舞蹈造型都是纯舞蹈姿态。晚期包括宋、西夏、元,也是走向衰落的时期。下面就谈谈以上所分的四个时期乐舞壁画的不同特点。

早期壁画乐舞的内容大都是天宫伎乐、金刚、飞天、伎乐菩萨、莲花伎乐、礼佛伎乐、供养伎乐,人物形象多是身材短壮、上身裸露、高鼻深目,体态都呈冲身、出胯、低头三位体式,也就是直角的曲线。

中期壁画乐舞中,天宫伎乐、金刚逐渐消失,飞天的数量大增,同时出现了世俗舞乐。

盛期以唐代洞窟最多,好似壁画就是以唐代为核心。唐代由于国家统一,社会安定,经济繁荣,文化发达,是我国封建社会的鼎盛时期，反映在敦煌莫高窟中，这一时期也是创作乐舞壁画的顶峰时期，不但出现了大量的经变画，而且出现了巨幅的出行图。经变画是中国人的创造，是佛教中国化的主要方式之一。它没有固定的模式，凭由画工们自由想象。画工们很自然地把生活中熟悉的形象，别具一格地画在了经变画当中，以吸引善男信女。经变画结构宏伟，富丽堂皇，人物众多，描绘细腻，有礼佛、娱佛的乐舞场景。乐舞一般放在全图的下方，舞伎在平台上表演，舞蹈千姿百态，异彩纷呈。

晚期是敦煌石窟艺术的衰落期，建窟很少，壁画内容、题材、形式等都沿袭过去，没有创新，也没有特别的风格。人物造型有些笨拙和呆板，缺乏生气。乐舞的场景自然也显得贫乏。其中元代乐舞壁画，从服饰到动势，却自成体系，独树一帜。因为元朝主要统治者信奉佛教中的密宗教派。密宗源于印度，经由西藏传来，在元代像潮水一般地涌入敦煌，成为当时敦煌寺院的主要教派，密宗壁画也成为莫高窟中一大特色。

壁画舞姿丰富多彩，个个栩栩如生，无不精美。但是，由于地理和历史的原因，舞蹈风格是不尽一致的。一般早期作品的西域风格浓郁，中期以后逐渐淡出，盛期作品的中原汉族舞蹈风格明显，而在俗乐中看到的却是少数民族风格。

尽管敦煌壁画舞姿在不同时期有着不同的风格，但它们之间有着一种共同的特色，也就是说，不管哪个朝代的敦煌壁画舞姿，它们都有一种共同的基本格调，比如丰富的眼神表情、多姿的手势、曲折多弯的手臂、体态的多曲线、赤足作舞、使用道具作舞等。

纵观壁画乐舞，可以看出敦煌石窟艺术的博大精深，体现在它能够广采博取，兼收并蓄，融会贯通，开拓创新，最终形成了鲜明的特色和独树一帜的风格。

二、舞出敦煌

（一）敦煌舞姿艺术创作的情况及现状

前面所讲，证明敦煌莫高窟各代壁画中，窟窟都有舞蹈的形象、舞蹈的旋律和舞蹈的神韵。面对石窟艺术中如此丰富多彩的古代艺术遗产，我们不能仅仅走进洞窟去观赏，而应该让它走出洞窟，再现其独特而又最具民族色彩的古代舞蹈，并呈现在当今的舞台，奉献给人民，让它那强大的艺术魅力，在当代民族舞蹈事业中放射出光芒！

但古史文献中并没有敦煌乐舞的记载，也没有流传下来的活的敦煌古代乐舞，这就需要我们艺术工作者去研究和创造。

最早运用敦煌固态形象进行艺术创造的是京剧表演大师梅兰芳的《天女散花》。这原本仅是一个洞窟屋檐上的造型，梅先生竟能运用到他的艺术创造中，并使这部作品久演不衰。20世纪50年代，著名舞蹈家戴爱莲的作品《飞天》则是新中国第一部取材于敦煌壁画的双人舞。根据创作者介绍，他们并没有去敦煌收集素材，而仅是观赏到画片上的舞姿形象，就已经有了创作的冲动，并取得了巨大的成功！到了20世纪70年代末期，改革开放之际，在舞蹈史学家们的倡议和帮助下，甘肃省歌舞团（今甘肃省歌舞剧院）创作了以丝绸之路为题材的大型舞剧《丝路花雨》。编导们巧妙运用了敦煌壁画舞姿素材塑造了主人公英娘这一人物，配合剧中的舞段，取得了巨大的成功，再现了绚丽多彩的敦煌壁画乐舞艺术，成为走向世界的舞剧精品。后来又一个以敦煌为名的舞剧《大梦敦煌》，由兰州市歌舞剧院演出，也给人们带来美的享受，使人们念念不忘这一中国版"罗密欧与朱丽叶"的凄美爱情故事。另外，与《丝路花雨》同期的成功作品还有独舞《敦煌彩塑》。

近年最新的作品是大型敦煌舞剧《步步生莲》。该剧于2015年由西北民族大学舞蹈学院演出，得到了广大观众和舞界专家学者的好评。舞剧讴歌了主人公莲女以德报怨的宽大胸怀，弘扬了真、善、美的品格，表现出所有的生命——人、动物、植物——都能和平、和睦、和谐地生活在一起。强大的生命力，在宇宙空间大自然中生生不息地生存着、延续着。

（二）敦煌舞教学体系的创建

自20世纪80年代至今，敦煌舞教学已形成从中专、大专、本科到硕士研究生的多层次教育机制。

1. 敦煌舞这一名称的产生

"敦煌舞"这个名称，最初是在甘肃省艺术学校为80级舞蹈班开设的课程上命名的，虽然当时对这个舞名还有争议，但之后还是得到了大家的认可。一提到敦煌舞，大家就想到《丝路花雨》舞剧，说明它已远远超出了一门课程或某一剧目的范畴，而逐渐成为古典舞的一个流派。研究敦煌壁画舞姿，创建敦煌舞教程，就是为建立敦煌流派的舞蹈艺术。一个舞种或一个艺术流派的形成，应该具备教材、人才、剧目三个条件。

近年来，在舞蹈教育领域，也有从不同角度研究创编敦煌舞教材或者是舞蹈的,虽然出处相同,都是依据敦煌壁画舞姿进行选取、研究和创作,但呈现出来的效果样式并不尽一致。究其原因,可能是创作者对壁画舞姿的感悟不同、理解不同,个人的审美观点不同,所以产生的动律,即舞蹈的动态、动作的过程不同,产生的风格、特点也就不一样。当然在艺术创造上是允许有个性展示和发挥的,同一个舞种有不同派别很正常,完全符合"百花齐放、百家争鸣"的方针。

2. 如何确立敦煌舞的风格

要建立敦煌特色的舞蹈,只有风格掌握准确了,才能再现敦煌壁画的舞蹈艺术。明确它的外部特征,固然是确立风格的重要组成部分,但更重要的是舞姿之间的起承转合,也就是舞蹈的动律,就是怎样使静止在洞窟里的舞蹈姿态,变成活的舞蹈。在这一重要的环节上,我们的思路是:紧紧依据壁画舞姿特点,参照有关舞蹈史料对唐代舞蹈的介绍,因为敦煌壁画乐舞是以唐为核心的,必须抓住核心作为主线。以隋唐时期所制定的九部乐、十部乐中具有三结合特点的《西凉乐》,就是以西域、中原和当地民间相结合的乐舞作为敦煌舞的主要风格,这样去捕捉、创编,使固态舞姿和动律协调一致。创编敦煌舞教材,更需要严谨和规范,如此才可能训练出风格独特、神韵独具的敦煌舞表演艺术人才,并使之形成敦煌舞流派。

3. 敦煌舞以"三结合"作为风格特点的合理性

首先,从地理条件和历史条件来看。敦煌莫高窟位于河西走廊的西端。历史上东晋王朝迁徙江南时期,北方先后出现的一些封建政权,其中在甘肃一带的前凉、后凉、北凉三个王朝,曾建都于凉州也就是今天的武威,西凉王朝就建都于敦煌。当时西凉是内地通往西域的交通孔道。自汉代以来,随着丝绸之路的开拓,西域印度远至欧洲,各国的商队、使者、学者就在河西一带来往频繁。凉州敦煌就是丝绸之路上的重要城镇。中原文化经过这里向西域、印度传播,西域印度文化也通过这里被介绍到中原。《西凉乐》既吸收了汉族乐舞,又接受了西域乐舞的影响。这就说明由于当时的地理和历史条件,西凉地方乐舞,很有机会接受中原和外来乐舞的影响,经过长期的吸收融合,逐渐形成了具有"三结合"特点的、风格独特的《西凉乐》。可以肯定,产生在这一带的《西凉乐》,是一定会反映在敦煌壁画乐舞图中的。因为壁画中的乐舞艺术不是无源之水、无本之木。它虽然服务于佛教,有着很大成分的神奇幻想和艺术的夸张,但它仍是以现实和生活为依据的。几幅大型《出行图》壁画,以当时当地河西的现实生活为题材,反映了河西一带上层社会的现象,这就证明了这一点。敦煌学专家史苇湘先生在《丝绸之路上的敦煌与莫高窟》一文当中谈道:"这一千年中敦煌地方的历史在莫高窟留下了深刻的烙印。离开了河西与敦煌的历史,莫高窟艺术就无从阐述,也无法理解。因而敦煌佛教艺术在历史上也是反映现实的一种形式。"

从敦煌莫高窟它的创建和所经历的朝代,从它特定的地理条件和历史的发展变化,从"丝绸之路"上中西乐舞的交流,从《西凉乐》的形成,再分析敦煌莫高窟中隋唐时期经变画中的乐舞,就可以看出,敦煌壁画中有《西凉乐》,而且占据了一定的数量。

其次,从神韵气质上来看。《西凉乐》适宜于表现节奏徐缓、情调优雅、气氛和谐的抒情乐舞。壁画彩塑主要是宣传佛教思想的,但人类都是按照自己的面貌来造神;封建社会也是按照自己社会的物质生活样式与风俗习惯来制造神的世界。因此可以想见，画工们描绘经变壁画里的舞姿，一定是选择了人间舞蹈中最美的造型为模特儿，以及把生活中妇女美的形象移入到佛教图画中，即所谓"菩萨如宫娃"。从这一点来看，安徐、幽雅、和谐的乐舞《西凉乐》，是十分适宜于表现"天国"中的舞蹈人的。

再次，从《西凉乐》使用的乐器和壁画中反映的乐器来看。《西凉乐》所用的乐器，在莫高窟的经变画中是经常出现的。从这种乐队编制以及文献记载来看，它是兼受西域、汉族音乐的影响而形成的一种风格独特、曲调动听的音乐，可想而知其旋律和它的舞蹈一样，一定是非常优美抒情的。唐代的九部乐、十部乐中所包括的乐器，在敦煌壁画中都有所表现。尽管很难准确地具体分析哪一幅经变的乐舞场面是哪一部乐的哪一个舞蹈，但敦煌壁画唐代舞姿中大量反映了《西凉乐》，是可以肯定的。

最后，从舞姿的具体动作和乐舞形式来看。

（1）《西凉乐》中的主体是民间乐舞，它是在当时西凉、敦煌一带的地方乐舞的基础上发展起来的。它的动态有出胯，有持莲花道具，和今天流传的"滚灯"很近似。

（2）《西凉乐》吸收并继承了中原汉族传统舞蹈的成分，如巾舞。

（3）《西凉乐》中的西域乐舞成分，表现在服饰多袒露，还有赤足、胯部动作，以及表演形式（中间独舞，周围都是乐队）上。

总之，通过对数百个舞姿的琢磨、比拟，以及研读有关文献资料，采集当地流传的民间舞蹈，研究探索敦煌舞主要风格及其内在规律，我们可以确定敦煌舞的舞姿应是兼有西域舞蹈、中原舞蹈和民间舞蹈三种成分的。古代《西凉乐》就是三者合一，最能体现它的风格。

在创编基本动作教材过程中,一举一动,一招一式,应以壁画舞姿为依据,把重点放在捕捉动作的韵律上,尽力体现"三结合"这个风格特点。因为"三结合"正反映了敦煌莫高窟这样一个稀世瑰宝的迷人之处,这个迷人之处就在于它是中外交流的产物,是中外文化交流、碰撞而呈现出的火花。它具有很大的开放性,一定的兼容性,浓厚的民族性和丰富的创造性。这种伟大的敦煌精神,也是我们今天从事敦煌舞研究、教学和创作的指导思想。

总之,创编敦煌舞训练教材,是对整个敦煌壁画舞姿特色的提炼与概括,不应局限于某个时代,而是对壁画舞姿广采博取,找出各朝代舞姿不同中的相同之处,也就是敦煌舞的特色。

三、敦煌舞的审美特征

敦煌舞的美学特征同敦煌艺术的总体美学特征是一致的。

首先,它充满和谐、宁静的美。和谐从古至今是美的理想。这一特征在敦煌艺术中体现得尤其明显。因为它是佛教艺术,描绘的是西方净土、天堂美景、极乐世界,没有冲突,没有矛盾,洋溢着一片和谐、宁静、安详、庄严的气氛,当我们走进莫高窟中,就会感到一种和谐、宁静的美好心情。

其次,它充满传神的美。无论壁画还是彩塑,所塑造的人和物,都很讲究神态,给人以活的动感。例如:佛的涅槃,这是一个卧佛,也是一个彩塑,因为它并非塑造死亡,而是表现他的永生,所以神态安详,似乎有一种内在的喜悦和安慰,同样栩栩如生。其他如坐佛、菩萨、护法神以及舞蹈菩萨等各种性格的人物,都表现不同的内心世界。如坐佛的向下俯视和半闭目的眼神，就给人一种完全超脱的安宁感；菩萨深情的温和眼神，给人以无限的亲切感；护法神的睁眼瞪目，给人以威武庄严感；舞蹈菩萨的眼神又是妩媚、恬雅，给人以舞动传神的美感。另外还有一些听法菩萨的各种神情，充分表现出听法入神的兴奋状态。

再次，壁画舞姿充满抒情的美。在千姿百态的舞姿造型中，有的舞姿神情开朗奔放，有的舞姿神情温婉妩媚，有的舞姿造型疾驰矫健，有的舞姿造型轻盈柔曼。而壁画舞姿的基调是优美、轻曼的软舞风貌。无论是哪一种形态，都是充分抒发情怀，给人以优美的想象和感受。根据这些审美特征，我们在创编敦煌舞基本训练教材时，从宏观上紧紧把握住和谐、宁静、抒情的特点，在微观上十分注意动作的柔曼、温婉和节奏的多种变化，力求使敦煌舞这一具有西部特色的古典舞新流派能够符合并充分体现壁画舞姿本身的审美要求。

此外，在敦煌舞教学中要特别重视起承转合之韵律，形态动律的协调一致以及动作风格的独特性。我们力求做到在宏观上注重深沉肃穆、宁静和谐、幽寂含态的气质；在微观上掌握舞姿优美不媚、节奏稳而不平；造型动律协调；追求北朝时期的古朴浑厚，大唐软舞的温婉恬雅，健舞的腾跳飞举以及西夏和元代的矫健别致，真正形成中国传统舞具有的婀娜与刚健兼而有之的民族气韵特征。

第十章　敦煌壁画中的音乐性图像

顾春芳

北京大学艺术学院教授
敦煌研究院研究员

　　以往对敦煌艺术的美学研究，多集中于其可视的造型与技法，而研究敦煌艺术之美还有一个重要的维度，那便是其总体艺术思维中的音声和情境。

　　敦煌壁画中有大量音乐性的图像，如手持乐器的菩萨，飞翔着的天宫伎乐，法华经变、弥勒经变、药师经变、报恩经变中的大型乐舞和演奏，故事画中的伎乐（比如乘象入胎和夜半逾城故事画中的乐队，文殊、普贤菩萨两旁的乐队等）。这些充满音乐和节奏感的图景，让观者从有限的洞窟物理空间进入一个无限的佛国世界，从被定格于墙上的静止画面进入灵动的永恒境界。

　　当我们步出敦煌石窟，在视觉的景象消失之际，耳畔总会萦绕着那美丽的迦陵频伽的妙音，杖击羯鼓传出的雨点般的节奏，还有那遥远天籁般的排箫，幽怨凄清的筚篥，悦耳动听的方响，庄严浑厚的法螺，余音缭绕的五弦和阮咸，以及那神奇的、充满想象力的不鼓自鸣飞翔的乐器——它们流淌出摄人心魄的妙音,令人魂牵梦绕。

正是这些溢出洞窟的妙音,让止于瞬间和静止的图像在活泼泼的情境中灵动起来,从而创造出一个个生意盎然的净土世界。特别是盛唐时期的大型乐舞,诗歌、音乐、舞蹈相融合而臻于圆熟精妙的境界,展现了盛唐气象,那个如宗白华先生所说的伟大的"艺术热情时代"!

首先,敦煌壁画中的音乐性图像呈现了有形空间中的时间性想象。

十六国的早期洞窟中就已经出现了伎乐演奏的图像,比如北凉第272窟的藻井和洞窟上部的伎乐图。到了北魏、西魏时期,图像显示的乐队编制随着窟室空间而逐渐扩大,乐器的种类也渐次增多。经过汉代百戏以及南北朝中外乐舞的融合,隋唐时期的乐舞演出形式日臻完善。至隋代,伴随着中西文化的交流,中原音乐和西域音乐的融合,乐队规模和编制日趋扩大。乐队规模和乐器种类在唐代达到鼎盛,许多经变画中出现了场面宏大的乐舞场面。最典型的如莫高窟第220窟北壁《药师经变》中的舞乐图(初唐),28人的大乐队呈八字形两组摆开,场面盛大,气象恢宏。乐队中有演奏腰鼓、横笛、筚篥、排箫、阮咸、琵琶、箜篌、弹筝、方响、拍板和笙的乐师,表演胡旋舞的舞伎踩着音乐的节奏翩然起舞。

据统计,仅莫高窟就有描绘乐舞的洞窟200余个,绘有各种乐器4 000余件,有各种乐伎3 000余身,有不同类型的乐队500余组,乐器44种。就乐器的类别来说,第一类是打击乐器,第二类是管乐器,第三类是弹拨类乐器,但敦煌壁画上弓弦类的乐器并不多见。榆林窟第10窟西壁的飞天乐伎中,发现有一件演奏的胡琴,这是罕见的"吹弹拉打"四大类乐器的一次组合。另有东千佛洞第7窟《药师经变》中也有四类乐器俱全的十人组合。

当古代敦煌的乐声消失在遥远的历史中时,音乐却以空间的形态沉淀下来,一方面存现于壁画的图像中,另一方面存现于音乐的文献资料中。藏经洞的敦煌卷子中就留下了许多关于音乐的珍贵资料。敦煌写卷中留下的敦煌歌词也向我们透露着中古时期河西地区的音乐生态和文化。

在我看来,敦煌艺术最突出的美学特点是在有形的空间中的无限的时间性的想象和呈现。这种时间性的想象和呈现的载体,就是音乐性的图像。敦煌的艺术空间通过音乐性的图像,赋予了有限的空间以流动的时间感,让遥远的乐舞图景成为永远的现在时。

其次,敦煌壁画中的音乐性图像呈现了信仰世界和世俗愿景的融合。

敦煌艺术中存在着两个鲜明的世界,即信仰世界和世俗世界,这两个世界在音乐性图像中呈现为天乐和俗乐的分别。就敦煌壁画中乐伎的类别来说,有"伎乐天"和"伎乐人"两种,分属天乐和俗乐,分别照应天界和人间。"伎乐天"包含天宫乐伎、飞天乐伎、经变画乐伎、化生乐伎、护法神乐伎、雷公伎乐、迦陵频伽乐伎等;"伎乐人"主要有供养人乐伎、出行图乐伎、嫁娶图乐伎、宴饮图乐伎等。飞天乐伎、经变乐伎、故事画乐伎以及大量自鸣乐器,无不呈现出信仰世界的瑰丽想象,以及世俗世界的人间情趣。天上人间的美好,信仰世界的天宫、飞天、化生、药叉和经变,世俗世界的宴饮、歌舞、出行和百戏,在敦煌壁画的信仰世界和世俗世界中交相辉映。

敦煌壁画的音乐性图像呈现出信仰世界的胜景,是以世俗世界的终极愿景作为基础和参照的。经变画中大量出现的伎乐，其所表现的是极乐世界和西方净土，但图像中的伎乐形式实则来源于现实生活。艺术家摄取现实人生的图景并做了大胆的想象，别开生面地展现了古代乐舞的生动场面。比如莫高窟第225窟，这一盛唐时代的洞窟在南壁正中绘有阿弥陀佛经变。观音、大势至相对合掌对坐，周围环绕着听法的菩萨，法相庄严、娴静美好。空中彩云遍布，有飞舞的箜篌、古琴、排箫、琵琶、鸡娄鼓等乐器的合鸣，还有白鹤、孔雀、鹦鹉、迦陵频伽展翅飞翔，呈现了"广净明土"的令人向往的境界。

此外，莫高窟第329窟南壁也绘有阿弥陀经变。这一窟大约修建于唐贞观年间，壁画最突出的是表现了绿水环绕、碧波荡漾的水域，还有两进结构的水上建筑。第一进为三座平台并列，主尊及胁侍菩萨、供养菩萨居中间平台，左右两座平台为观世音菩萨、大势至菩萨及诸菩萨，三座平台之间有桥相连；第二进也有三座平台，中间平台之上为巍峨的大殿和两座楼阁以及"七重行树"，营造了风吹宝树、法音遍布的佛国世界。

描绘人间世俗的音乐活动的奏乐歌舞者都是伎乐人，也被称为"供养人乐伎"。比如第360窟出现的供养人乐伎，前有3人组的舞伎，后有8人组的女性表演者，身形修长、腰带高束、衣袂飘飘、潇洒自如。供养人乐伎最为著名的是莫高窟第156窟《张议潮出行图》中的乐舞仪仗队。洞窟下方的长卷画幅上旌旗舞动，鼓角齐鸣，在号角和大鼓开道的军乐声中，表现的是张议潮获唐王嘉奖后意气风发、浩浩荡荡返回故乡的场景。走在队伍前方的壁画残留部分可见手握旌幡的骑兵，画幅中部是服饰统一、舞姿一致的八人舞队，他们分成两排翩翩起舞。《张议潮出行图》反映了唐代归义军最具历史纪念意义的一个时刻,音乐性的壁画增加了这一庆典时刻的庄严感和仪式感。

在《张议潮出行图》中,我们可以发现信仰世界和世俗愿景在音乐图像中的融合,与敦煌地区佛教和政治本身的密切关系相关。张氏家族的佛教信仰迎合了土蕃时期统治者推崇佛教的政制。张议潮本人自小在寺院接受寺学的教育,藏经洞文献中也发现了他亲自抄写的许多佛经写本。在担任归义军节度使期间,他与敦煌的僧团关系密切,与洪辩、悟真、法成等高僧交游甚密。因此第156窟《张议潮出行图》的整体意象中,体现的是政治和宗教的互渗结构,透露了现实的政治追求和信仰体系相互合作的内在关系。

众所周知,佛学教人去除眼耳鼻舌身意的妄念,在壁画中却不及其余地传达听觉、嗅觉、味觉和肉身的感觉。为什么作为佛教禁戒的声色歌舞,在敦煌壁画中却作为极乐世界的象征图像呢?佛家弟子的修行,首先要破除美色淫声的诱惑,比如《大比丘三千威仪》中就有"不得歌咏作唱伎。若有音乐,不得视听"的戒律。为了消除这样的二律背反,音声供养被冠以净土世界的法音,法音即超越世间一切音声的最美的声音形态,它具有清、畅、哀、亮、微、妙、和、雅等美的特质,众生可闻之而悟道解脱。至于净土变中出现的佛国世界的自然、植物和动物的声音也同样要符合美的最高要求,鸟鸣声要声震九皋,树音声要随风演妙,水流声要尽显妙意。于是,作为禁忌的声色歌舞,转变为佛教明听和妙悟的精神介质。弥勒经变中的设乐供养,反映了人间对于兜率天宫的向往之心,信徒希望用人间最好的供养——音乐来供养三宝,以表明自己的虔诚。盛唐第445窟南壁的

《阿弥陀经变图》，以及中唐第159窟南壁的《观无量寿经变图》都呈现了以音声供养的精神形式。

音声供养是当时的世俗乐户的职责，这一类人也被称为"寺属音声人"，其职能与寺庙和佛教的仪式密切相关，但又离不开世俗生活和风俗文化的色彩。因此，这些乐户本身是连接和沟通两个世界的桥梁，是将世俗愿景植入宗教图像的中介。敦煌卷子中的一些文献证明"寺属音声人"既参与寺院的宗教活动，也参与民间的节庆活动。在边远地区如此，在权力中心地区也是一样。唐代长安宫中的太常寺音声九部乐，不仅是皇帝御用的艺术形式，皇家乐队也时常参与皇室的礼佛活动。世俗的声乐便作为帝王的音声供养出现在佛教的仪典中，并逐步成为宗教文化的一部分。

世俗的音乐性图像渗入佛国世界，便从美学的意义上建构了美的不同层次和境界，被创造的佛国世界的妙音溢出了物理空间意义上的洞窟，成为绝对精神性空间的感召，这正是世俗和神圣在艺术中相互转化的一种内在张力。

那些天宫伎乐中的伎乐菩萨的欢歌，弥勒兜率天宫的乐舞活动，礼赞、供奉、歌舞和花雨纷飞的图景，无不是对于极乐世界的美好想象。而这极乐世界的美好想象，也无不是以人间所追求的富足安乐作为参照的。本来现身于帝王之家的至高享乐，由此逾越了严格的宗教戒律，展现于经变画的乐舞体制中，创构出净土世界的理想之境。在世俗的、物质的、现世的土壤里，生长出了神圣的、超越的、精神性的果实，由此我们也在敦煌艺术中看到了世俗与宗教并存的图像模式，现实与超越并存的思想和文化形态。

再次，敦煌壁画中的音乐性图像呈现了时空交融的总体艺术观念。

中国艺术精神中包含着时空交融的审美品格。正如《毛诗序》所云："诗者，志之所之也。在心为志，发言为诗，情动于中而形于言。言之不足，故嗟叹之，嗟叹之不足，故永歌之，永歌之不足，不知手之舞之，足之蹈之也。"敦煌壁画中的伎乐表演，融诗歌、音乐和舞蹈为一体。其总体艺术的理想和追求，体现在艺术家对于空间和时间的双重感悟和追求中。正是时空的综合特性，让敦煌壁画不仅是瞬间性的画面，更是成为活动的画面，成为在时间中不断展开的动态的画面。

最集中的体现就是莫高窟第112窟的"反弹琵琶"，作为敦煌壁画万千美妙的凝结，作为大唐文化一个永恒的符号，它淋漓尽致地展现了敦煌壁画中时空交融的总体艺术观念。唐代宫廷的绝美乐舞，舞蹈中的动感和韵律，凝固在这一瞬间。第112窟的《伎乐图》，是该窟《西方净土变》的一部分，壁画中央的伎乐天神态悠闲雍容、落落大方，一举足一顿地，一个出胯旋身凌空跃起，使出了"反弹琵琶"的绝技，仿佛项饰臂钏叮当作响的声音都能听到……这一刻被天才的画工永远定格在墙壁上，整个大唐盛世也好像被定格在这一刻，时间和空间也仿佛被色彩和线条凝固起来，成为永恒的瞬间。"反弹琵琶"之所以具有永恒的审美价值，还在于它的构图和造型具有"有意味的形式"，我们能够在有限的空间中体验无限的时间的流动感。

莫高窟第220窟是空前绝后的壁画杰作，勾画了安乐国的种种庄严，其南壁的通壁大画《无量寿经变》，是敦煌无量寿经变画的代表作，画面呈现了极乐世界的种种令人向往的美妙图景。飞舞着的乐器代表十方世界的妙音，钟磬琴瑟筌篌乐器诸伎，不鼓皆自作五音。散花飞天撒下漫天花雨，万种伎乐勾画了十方佛国飞来听法的妙不可言的盛景。极乐世界的精舍、宫殿、楼宇、树木、池水皆为七宝庄严自然化成，所谓七宝即金、银、琉璃、珊瑚、琥珀、砗磲、玛瑙。在最重要的阿弥陀佛说法的场景中，无量寿佛居中，左右两尊胁侍菩萨坐于莲台，周围还有33位菩萨。围绕无量寿佛的天人，皆置身于波波荡漾的象征八功德水的七宝池中。特别是七宝池中九朵含苞待放的莲花，能看见里面的化生童子，活泼可爱。

榆林窟中唐第25窟是中国唐后期石窟寺壁画的杰作，也是世所罕见的珍品。这一窟的《弥勒经变》和《观无量寿经变》是敦煌石窟经变画中最精美的作品之二。北壁的《弥勒经变》根据《佛说弥勒下生成佛经》绘画，是一幅构思精密的大幅画。画面中部画结跏趺坐的弥勒居中说法，为天龙八部和圣众围绕，宝盖高悬，众多人物的姿态、性格和神情迥然不同，佛的庄严肃穆，菩萨的恬静美丽，天王、力士的勇武有力，都表现得生动传神，显示出画家非凡的技艺。前有儴佉王献镇国七宝台给弥勒。弥勒接受宝台之后又转施给婆罗门，婆罗门得此宝台立即拆毁，弥勒见此七宝妙台顷刻化为乌有，深悟人生无常，于是坐龙华树下修道，当天就得成佛。儴佉王与八万四千大臣亦出家学道。儴佉王的宝女与八万四千彩女也一起出家。于是无量千万亿人皆于弥勒佛法中出家。画面的正中下部表现的正是这个情节，国王于是率领大臣剃度为僧，公主嫔妃削发为尼。经变两侧表现了弥勒下生世界——翅头末城的种种美景。经变的上部则描绘了弥勒世界的妙花园，空旷辽阔的自然境界，画有山川花木、蓝天云霞，给人们带来精神寄托和安慰。

南壁的《观无量寿经变》中部的佛国建筑,继承了盛唐的宫廷结构布局,展现出豪华壮丽、歌舞升平的宫廷景象,七宝池中的化生童子,在绿波中嬉戏,天真活泼。七宝池上建曲栏平台,平台中央无量寿佛结跏趺坐于莲花宝座上,观音、大势至分列左右,罗汉、菩萨、天人作向心结构,呈现统一和谐的构图形式。超越现世的极乐境界的情境依然通过乐舞来展现,正中的舞伎挥臂击鼓,踏脚而舞,秀带旋飞,形象洒脱,空气中弥漫着海螺、竖笛、笙、琵琶、横吹、排箫和拍板的合奏。迦陵频伽也参与到乐舞中来,它拨弄着琵琶,载歌载舞。经变画以时空交融的总体艺术形式,通过帝王宫廷豪华壮丽和歌舞升平的景象,想象并构画了佛国世界的富贵美好。

敦煌壁画艺术中的音乐性图像为我们提供了研究中古时期的音乐史、乐器史和佛教音乐史的珍贵信息,从艺术和美学的角度来看,这些音乐性图像让定格在壁画上的图像有了时间性的生命动感,有了超越静默的音声的流转和生命的活力,从而使存在于各种故事情节与宗教场景中的信仰和世俗的图像,获得了神韵和姿色。

第十一章 　敦煌与音乐艺术

陈应时

上海音乐学院教授

一、敦煌莫高窟藏经洞与敦煌乐谱

敦煌和音乐艺术的联系,要从敦煌莫高窟藏经洞讲起。我们讲的敦煌乐谱,就是在敦煌莫高窟的藏经洞里发现的。

莫高窟又名千佛洞,是我国古代佛教圣地。1900年6月22日早晨,道士王圆箓在清除莫高窟第16窟甬道积沙时,偶然发现甬道北壁有被封的迹象,当即破壁探察,发现果然那个洞中还有洞,并且里面存有大量经卷、文书、法器。这个洞就是藏经洞。

莫高窟发现藏经洞的消息一传到国外,英国的探险家、考古学家斯坦因,还有法国的语言学家伯希和便于1906年到1908年,先后来到敦煌。他们以微量的白银从王道士手里骗购了藏经洞中的大量经卷文物,分别运往英国和法国。

我们今天所称的"敦煌乐谱",就是在20世纪初被伯希和带去法国的,到现在一直收藏在巴黎图书馆的敦煌遗书中。

二、敦煌乐谱的构成

敦煌乐谱有 P.3539、P.3719、P.3808 三种。

伯希和给这些文件都编了号。他没有简单按数字编号，因为经卷的长短不一，情况各不相同。编号 P.3539 是指本卷在《佛本行集经·忧波离品次》这个经卷的背面，含有"散打四声""次指四声""中指四声""名指四声""小指四声"，一共二十个谱字。什么是谱字？这里以琵琶为例。琵琶有四根弦，还有四个相(类似现在所称的品)，如此就有十六个位子。一个位子就是一个谱子，就是一个音符。

谱字表

弦 别	I	II	III	IV	指 法
空 弦	一	L	ク	上	散打四声
第一相	工	ス	七	八	次指四声
第二相	几	十	匕	一	中指四声
第三相	フ	て	て	厶	名指四声
第四相	屮	し	之	や	小指四声

卷子里面写到的"散打四声""次指四声""中指四声""名指四声""小指四声",就等于有四个位子,再加上空弦也有四个位子,一共是二十个。

编号P.3719的敦煌乐谱,曲名叫《浣溪沙》。但是这一张谱子已经是不完整的,只有一个曲名,其他部分都已经碎掉了,所以这张我们叫它残谱。

P.3808的敦煌乐谱最为重要,它比较长,一共抄写了25首乐曲,研究敦煌乐谱主要就是在研究这一卷。这25首乐曲就是由刚才讲的谱字来记录的。

三、敦煌乐谱研究的带头人

最早研究敦煌乐谱的带头人,是日本雕塑家林谦三,他对音乐也很感兴趣。

林谦三将编号P.3808的敦煌乐谱拍照(22张)并带回了日本,还和日本的古谱联系起来。日本有一种古谱与敦煌乐谱近似,它就是《五弦琵琶谱》,比《敦煌琵琶谱》多了一根弦。林谦三最早与平出久雄两个人一起研究,并在1938年共同发表了一篇论文《琵琶古谱的研究》,这是第一篇研究敦煌乐谱的论文。因为这个文章是用日文写的,并没有第一时间传到中国。大概在1983年,我到香港,读到饶宗颐和李锐清等的译文,这才介绍回大陆学界。这篇文章以《琵琶古谱之研究——〈天平〉〈敦煌〉二谱试解》为题,发表在上海音乐学院的学报上。

《天平琵琶谱》现在还在日本,林谦三把两份古谱做了比较研究。1955年，他又发表了用英文写的论文《中国古代琵琶的解读研究》。也即从1937年起，林谦三由平出久雄协助，一直在进行敦煌乐谱的研究。

1957年，潘怀素将林谦三的著作翻译成中文，名为《敦煌琵琶谱的解读研究》，由上海音乐出版社出版。1969年，林谦三又在日本出版了一本《雅乐——古乐谱的解读》，其中一篇文章叫《敦煌琵琶谱的解读》，还有一篇是《全译五弦琵琶谱》，这些文章都由我译介成中文并发表。

为什么说林谦三是敦煌乐谱研究的带头人？

第一，林谦三最早确定了敦煌乐谱为琵琶谱。

对于敦煌乐谱的谱式，最初学界观点并不一致。有的说是敦煌乐谱是琵琶谱，有的说是竽箫谱，有的说是笛谱。林谦三是第一个确定它是琵琶谱的学者。他的根据就来自编号 P.3539，如前文所述，谱字和琵琶音位相一致。这个判断也得到了大家的认可。

第二，林谦三确立了敦煌乐谱三组琵琶的定弦。

演奏琵琶首先要定好弦，这样才可以演奏。定弦定不好，声音就不好听、不整齐。林谦三用了一些方法来整理这个谱子。他把那25首乐曲分为三组。第一组，第一曲到十曲；第二组，第十一曲到第二十曲；第三组，第二十一曲到第二十五曲。分组的依据来自笔迹的差异，即前面十首、中间十首、最后五首，抄谱的笔迹不一样。林谦三认为，一种笔迹就是一组。

由此，林谦三确定了三组琵琶定弦。此外，他把不同的定弦的同名曲，比如第二组中的《水鼓子》，以及第三组中的《水鼓子》，在定了弦以后，又定出来两个调。他定出来这两个调，能够把两个曲调合起来，这也论证了他的定弦是正确的。

第三，林谦三确定了敦煌乐谱的节拍节奏。

林谦三在1938年的文章里提出了一个观点。他说敦煌谱中，有一个符号，也就是这个“ㄱ”号，还有一个谱“•”号，它们是节拍节奏符号。

确定节拍节奏非常重要。音乐，一个是旋律，一个就是节拍节奏，如果全部没有节拍节奏，那就等于是和尚念经了。

第四，林谦三首创用敦煌乐谱的同名曲来检验琵琶定弦，这一部分上文已做介绍。

第五，林谦三首创用敦煌曲中的同名词配同名曲。

在翻出乐谱后，他又给它配上了词。比如说《西江月》，有谱子，有古词，他就把《西江月》的词曲都配上了。这也是他的一个重要贡献。

四、当代敦煌乐谱研究

1982年，上海音乐学院的叶栋在学校学报发表了他对敦煌乐谱研究的文章，引起了一场大争论。我也在这个时候展开了对这一主题的研究，连续发表了多篇研究论文。

关于敦煌乐谱的争论，集中在琵琶的定弦和节拍节奏上。关于定弦，林谦三的研究已比较成熟，但关于节拍节奏的确定，仍有诸多疑点，林谦三也曾推翻自己的研究成果。后来，我从文献里找到了相关依据。

乐中有敦、掣、住三声。一敦一住，各当一字。一大字住
当二字。一掣减一字。如此迟速方应节，琴瑟亦然。

——沈括《梦溪笔谈》

这段话就是说，音乐里面的长短，就是音的长短，可分三种——
敦、掣、住，敦就是一敦当一住，就是一拍；掣，一掣要减一字，就是半
拍；一大字住当二字，就是两拍。这个里面就有三种节奏时值。

另外，"拍"取自张炎《词源》：

法曲之拍，与大曲相类，每片不同。其声字疾徐，拍以应之。
如大曲《降黄龙·花十六》，当用十六拍，前衮、中衮六字一拍，
要停声待拍，取气轻巧。煞衮则三字一拍，盖其曲将终也。

——《词源》

由此，我按照中国典籍作为理论依据，将敦煌乐谱译出来。译出
来以后，再借用林谦三那个重合的方法，进行论证。

还有一个问题就是定弦。林谦三后来把第一组的十曲的定弦全
部否定，因为他认为旋律合不拢。他又另外搞了个合得拢的定弦，但
事实上，合得拢的也只有七八个字。在我看来，林谦三原来的定弦并
没有错。我还是用他的定弦，再用我的掣拍来译谱，也是合得拢的。

以上这些内容，我都写进了《敦煌乐谱解译辨证》，这本书在国
内外都获得了相关奖项，基本可代表当代敦煌乐谱研究的阶段性
成果。

第十二章　敦煌文物与古代服饰

包铭新

东华大学服装与艺术设计学院教授

一、敦煌、敦煌石窟遗物和敦煌壁画

敦煌的历史,可以上溯到战国时期。战国时期就有人群聚居在那里,就有很多遗物被考古发现。到西汉的时候,敦煌成为中央政府的一个军事和政治的中心,不久,又成为丝绸之路上的一个重镇。丝绸之路不仅是一条商贸之路,同时又是不同民族和文化交流融汇的地方。

十六国时期,佛教从西方慢慢传到中国的中央地区。敦煌是它一个必经之地,也是一个比较早的佛教艺术的中心;虽然不是最早的,却是最有名的一个。当然它也受到现在甘肃武威(当时叫凉州)的天柱山石窟的影响。

因北魏的统治者灭佛,天柱山的部分僧人和工匠被驱赶至敦煌。

敦煌石窟继承了天柱山石窟的优秀传统并有所发展,艺术水平非常高。敦煌石窟留下很多艺术瑰宝,陆陆续续出土有竹简、木牍、碑刻等。我们现在讲的敦煌石窟遗物，主要是指莫高窟、榆林窟、东西千佛洞和五个庙石窟等石窟群里的文物。从服饰艺术研究的角度出发，我们最关心的是莫高窟和榆林窟的出土文物。

二、服饰艺术：莫高窟和榆林窟的出土文物

敦煌石窟遗物与服饰艺术，从内容上可分为三个部分。第一部分，是敦煌莫高窟藏经洞里面出土的丝绸，以及莫高窟南区和北区出土的丝绸残片。这些丝绸残片，有的大一点、稍稍完整一点，有的就是一些小碎片。第二部分，就是莫高窟藏经洞所出土的一些文字材料，我们把它称为写本、卷子和文书。第三部分，是莫高窟和榆林窟里面的彩塑和壁画。这些彩塑和壁画很多都表现了佛教传说的人物和形象，也有世俗的人物形象，它们身上都有服饰。第三部分是最重要的，也是我们今天为了研究古代服饰所要重点关注的敦煌石窟遗物。

（一）莫高窟藏经洞以及南北区出土的丝绸文物

莫高窟藏经洞以及南区、北区所出土的丝绸，是中国古代生产的纺织品，是可以用来作为服装材料的。当时它们主要是用作装饰材料和绘画、书写的载体。这些纺织品虽然已经残破，颜色也有所消退，但还是保留了很多元素，可以让我们分析、推测、感受和想象当时的质地、手感、纤维的精细程度，以及织物的悬垂性、色彩和图案，包括做成服装后可能的样子。藏经洞的丝绸，有些是帛画，有时上面画的是人物的图像，这些都蕴藏着当时的服饰信息。

南北区也有类似文物出土，特别在20世纪60年代的时候，在莫高窟南区，发现有一件比较精美的人物刺绣，属于北魏时期。这件刺绣上面是一个佛在说法，下面有一些人物，就是所谓的供养人。

供养人分列两边，当中有一段文字，讲述做这片刺绣的原因。左面是男性，因为文物已残破，现只剩下两人。根据文字说明，第一个男性是和尚。一般供养人列队的最前面会有一个和尚带领，等于是世俗人的老师。后面跟的是广阳王惠安，他的名字其实是叫元嘉，是北魏时期的一个亲王。右面五位女性，也有一个尼姑作为前导，剩下四人，一个是广阳王的母亲，一个是广阳王的妻子，后面是广阳王的两个女儿。我们可以看到，他们戴着高高的帽子，穿着对襟的衣服，女性还穿着长裙。这样就可以让我们了解当时北魏时期鲜卑拓跋族的服饰情况。后面我们会对这些图像中的服饰展开详细的讨论。

（二）敦煌遗书

敦煌莫高窟藏经洞出土的文字材料，数量非常大，是敦煌研究的一个主体。这些文字的内容大多数是佛经或者是相关的佛教文献，还有诸如社邑文书那样的世俗文献，比如寺庙使用的粮食、蔬菜和布匹这样的记载，以及当时社会上进行的交易，比如一些土地买卖的情况，等等。

这些遗书当中，常会出现纺织品和服装的名称，以及它们的使用情况，虽然这些文字不一定都是汉字，还有粟特文、西夏文等不同国家、地区和民族的文字，但是这些记载和纺织品服饰名目，都可以帮助我们更好地理解古代的服饰和服饰艺术。

（三）敦煌图像

敦煌石窟中有很多精美的彩色雕塑，彩塑表现的都是佛教形象，如佛、菩萨、佛弟子、力士、金刚、飞天，以及少数其他神道像。

莫高窟第328窟的八身塑像是盛唐时期的代表作。释迦牟尼佛居中，左侧是弟子阿难，右侧是弟子迦叶，还有胁侍菩萨和护法天王。原来左侧还有一尊供养菩萨，被英国人盗走，现存波士顿博物馆。

这些雕塑所呈现的多姿多彩的服饰样式中，有些在一定程度上可以反映实际的穿着情况，有些只是反映了古人对于服饰多样化可能性的想象。真正反映了历史服饰或者服饰艺术的，或者说真正能够作为历史服饰研究材料和学术研究根据的敦煌文物，主要还是敦煌壁画，特别是莫高窟和榆林窟这两个洞窟群里面的壁画。

研究历史服饰主要依赖三种材料。第一种是文献，比如藏经洞里出土的遗书。中国是世界上拥有最悠久、最完整的文字历史的国家之一。但是这些浩瀚的历史文献当中，关于服饰的部分并不多。而在关于服饰史的文献当中，有关服饰制度、礼仪服饰的比较多，历代《舆服志》里面都有记载；关于生活服饰、百姓服饰的比较少；有关汉族服饰的比较多，有关少数民族服饰的比较少。

第二种材料就是实物，对我们来讲就是留存至今的历史服装、服饰和纺织品，包括出土的或者是传世的。中国古代服饰，总的存世量还是比较少的，特别是一些非常重要的朝代。比如唐朝，唐朝是中国服饰史上光辉灿烂的一个时代，其服饰是非常丰富多彩的，在世界上也是少见的，广受瞩目。但是奇怪的是唐代服装的实物，留存非常非常少。实物的出土或者传世都有偶然性。有的时代和地区的东西，出土传世多，有的时代和地区就比较少。它不能像历史研究所需要那样,有一个理想的时空分布。

研究的第三种材料是图像。中国古代图像可以粗略分成两大类,一是卷轴画,这些卷轴画常常是由文人或文人化的画家所制作的。这是传统美术史研究一向比较关注的。另外一类就是壁画。壁画里的图像常常受到忽视,其实它也是非常重要的。最早的壁画是原始岩画,即裸露在外的岩石上的画。其后的壁画可以分成洞窟壁画、墓室壁画和寺庙壁画。敦煌壁画是洞窟壁画。仅仅在莫高窟的一地就有492个洞窟,所有的壁画加起来,差不多有45 000平方米,那是一个非常大的量,非常重要的一批材料,是壁画的一个重要代表。现在的敦煌壁画,它的营造年代延续千年,具有时间维度上的持续性,是中国服饰史研究的重要材料,研究的方法是以图证史。

三、不同题材的壁画,不同性质的服饰

不同题材的壁画,给我们留下不同性质服饰的视觉研究材料。壁画的分类和命名,带有一定的主观性,并没有一种完全取得大家共识的分类法,比如按照《敦煌学大辞典》所立的分法就有:本生故事画、因缘故事画、说法图、经变画、佛教史迹画、瑞像图、菩萨画像、飞天画像、神道画像和供养画像等。

我们可以把因缘故事画、本生故事画和经变画放在一起讨论。

这些壁画都带有比较强的叙事性和故事性,画面上都会出现各种身份的世俗人物。这些世俗人物,在不同场合所穿的各种服饰,都可以在这个画面上找到。这些服饰,大多数可以反映现实生活中人们的实际穿戴,但也存在一些想象的或者前代传承的成分,观察者需要分析和判断，并且要与其他旁证材料来进行比对。所以这类画对于研究服饰，是具有比较重要的作用的。

接下来，我们可以把瑞像图、菩萨画像、飞天画像、神道画像归纳在一起讨论。它们基本上都可以称为神化形象。

虽然这些形象在实际生活中并不存在与之对应的真实人物——生活中并没有佛，也没有菩萨，也没有飞天；但是，它们的衣服都是从现实生活中提取或变化而来的。也就是说，它们都会有一个来自生活的原型或映射。我们说，画牛鬼蛇神，牛鬼蛇神是虚妄的，但是牛和蛇，还是生活中常见的。所以，瑞像图中那些佛的服饰形象，常常是以当时僧侣服饰为原型，再加以提升和美化。它们之间有一定的比对或对应，存在或高或低的正相关度。神道画像当中，一般会采用汉族帝王将相的服饰。相似的情况，也存在于道教诸神仙的服饰形象与道士的服饰之间。

菩萨画像常常是最华丽的，其服饰也比较繁复。飞天服饰的这种飘然舞动的效果，在现实生活中比较难达到，它非常美丽，是当时人们向往和追求的。这些服饰跟现实生活中的舞蹈服饰，也是有所对应的。我个人认为，像菩萨画当中的那些漂亮服饰，其实是反映了当时人们出于宗教感情而将生活中所见的各种美好视觉元素组合而成。飞天服饰则跟歌者和舞者的服饰相关度更高。现在还有很多舞蹈艺术家和戏剧艺术家到敦煌，到洞窟里去看壁画，把上面的服饰融入他们的艺术创作中去。所以，它们一方面有浪漫主义的想象色彩，一方面，还是跟现实密切关联的。

这样的服饰当时未必存在，从服装史的研究来讲，就是不能过于依赖它们。但是，对于现在的服装设计师来讲，还是很有意义、很有启发性的。

当时这些画匠在画这些菩萨或飞天的服饰的时候，有点像现在的服装设计师在画服装效果图。把图画出来了，衣服做不做，也并没有那么重要。因为这个效果图，反映了人们的一种审美，反映了他们对美好事物的向往。

供养画像是最接近当时人们真实的服饰的。所谓供养人，就是出资发起和参与开凿洞窟的人。他们是佛教信仰者，包括当时社会的各种阶层的人物。

他们当中有的是平民，就是社会底层的人。他们或者是以个人，或者是联合起来结社合资，来营造洞窟和壁画。他们造的洞窟虽然比较小，但是洞窟的数量还是比较多的。同时，也有些是当地的那种比较有钱、有地位、有权势的人，是当地的大姓家族。在敦煌一地，大姓有索氏、阴氏和翟氏等。这些大姓家族来开窟造像的就更多。他们造的像，也都是比较大一些，里面的彩塑和壁画要更加精美。这种就是大窟的供养人。

早期供养人像，都是位在洞窟的四壁的下部，比较接近地面，要低下身来才能看到。当时还有一种洞窟叫中心塔柱洞窟。在洞窟的当中有一个柱子，形状像塔，在塔柱的座身底部，也有供养人像。那些供养人像都画得比较小。他的衣服画得比较简单，呈横向排列。这些服饰虽然较小较简单，其实也是有研究价值的，反映了当时人们的服饰。

从隋唐开始，供养人像开始变大。它们的位置移到甬道的两壁。这些供养人很有趣，就是男女都是分开的，没有男女混杂的情况。男的是在甬道的北侧（其实也就是左侧）；女的在南侧（也就是右侧）；

因为这个甬道都是东西走向的。在入口的上方及两侧，也会出现供养人像。

后来，供养人像又出现在洞窟里面的主室，一般是放在东壁。唐代的供养人像最高的有两米左右，就是比正常的人还要高一点。服饰的描绘可以说非常细致。到了西夏以至元代，又慢慢变小。

早期的构图，都是做一种绕窟礼佛状。这些供养人，这些佛教的信仰者，被描绘成宛如在洞窟里面绕着那个中心柱在拜佛，就是大家一圈一圈地走，一面行走，一面拜佛。

从隋唐开始，又出现了出行图式的宏大场面。

所谓出行图，就是描绘这些权贵出行时候的场面的壁画。他们的前面有仪仗、有陪从、有护卫，那样的一个浩浩荡荡、尊卑有序的大场面。这里人物众多，不光是供养人本身，还有他们已经过世的祖先，他们幼小的后辈以及他们的亲戚，还有他们的部下僚属，都会出现在画面上，一个画面上会出现非常多的人，不同身份、年龄、性别的人，都穿戴着各种符合他们角色的服饰，这个是非常重要的。

供养人像还有一个特点：它常常附有题记或者叫榜题，即文字说明，就是这个画像旁边会题写文字，如果字数比较多，我们就称之为功德记或者叫发愿文。

因为开窟造像是做功德，造窟者们会发愿，就是要发一个愿望，我想造一个佛窟，是为了什么目的，比如说为了我父母，让他们更好地到西天东土；或者是为了小孩祈福；等等。用文字记载这个造窟者的姓名和身份，这就叫题名。

他们自称清信士、清信女或佛弟子等，还会把造窟的年月和起缘都会记录下来。这些文字材料对我们了解这些穿衣服的人的身份非常重要。因为大家知道，服装的审美和服装的判断，它不是独立的。你很难判断单件衣服是美还是不美，合适还是不合适。我们要看这个服装是谁穿，怎么穿，在什么场合穿，这个穿衣服的情景也非常重要。功德文和发愿文和其他一些简单的榜题，都能帮助我们了解服装穿着的情景。

此外还有一种在《敦煌学大辞典》中没有提到的画类，就叫装饰画，这对设计领域的研究者是非常有吸引力的。《敦煌学大辞典》不把装饰画列进去也有道理。装饰画常常不是独立的，它常常是辅助在诸如瑞像图等不同种类的图里面，是辅助装饰的部分，在其他图的四周或上下出现。但是也有独立的图案，像在洞窟的顶部，常常会出现一些装饰图案，这种我们把它叫天华，或者把它叫作藻井。

这种图案常常跟建筑有更密切的关系，建筑学的研究者比较关注。但我们染织服饰领域的研究者，对此也是非常关注的。我们认为这些图案，是可以分别与织锦、刺绣、蜡缬、夹缬和扎缬等纺织品图案相对应的。中央工艺美院的原院长常沙娜，也就是敦煌研究院的创始人常书鸿的女儿，她曾发表过很多相关的论文和著作。她能指出这个藻井图案哪个是源自织锦的，哪个是源自刺绣的，哪个是蜡染的，等等。所以这些图案，对我们纺织品的研究和服饰图案的研究，也是有很大意义的。

敦煌壁画都是佛教壁画，都是宗教画，这些画的产生和制作是为佛教服务的，为佛教的推广服务的，它的风格基本上是写实的。在北朝后期的北周，周武帝要灭佛。因为他认为佛教占用了太多的社会资源，很多人进了庙宇，就不参加生产了，不交纳赋税，也不服役。寺院还占了很多土地。所以对世俗的帝王来说，佛教也可能是一种威胁。

灭佛的时候，周武帝还曾经和那个很有名的大和尚慧远进行辩论。慧远就提出"赖经闻佛，籍像表真"，就是我们用佛经来告诉大家佛的存在、佛的道理和思想。但是，怎么才能使百姓众生相信佛真的存在？"籍像表真"，我们用图像，我们来建寺庙，我们来造洞窟，在里面画像，来向老百姓证明这个佛的真实性。佛教本来是不提倡偶像崇拜的，佛教初期在印度的时候并没有图像。但是后来，佛教放弃了这个原则，开始通过造像、绘图，终于广泛地在不识字的人群中去传播教义。用那么深奥的佛经推广佛教太困难了，而通过制作那种逼真的、生动的佛教图像，让人们看到他们熟悉的事物与佛教里面的故事和道理一起出现，感染力就大大增强了，可信度也大大提高了。所以供养画像在佛教当中又是特别写真的一部分。因为供养人都是实有其人的，虽然里面也不能说一点失真的部分也没有，但总的来说还是很写实的。我们在使用这些图像的时候，需要按照一些图像学或者说图像志的方法，避免落入"图像的陷阱"，也就是图像诱导出来的一些错误的认识。因为那个画画的人，他的主观的认识或者他的知识缺失和技能局限，会产生的一些失误和真相的扭曲。当然，失真扭曲的部分也是可以通过一些学术方法来避免的。

四、一千年的时光，轮流上台的角色

很多中国服饰史的著作都偏重于描述汉族的服饰和它的演变。

其部分原因,是很多少数民族缺少文字记载的历史。即便是有自己文字记载历史的少数民族,他们的文字,现在释读起来也是比较困难的。像西夏文、元代蒙古的八思巴文,多数人都是读不出来了。所以,这些少数民族的服饰,对应时间维度的变化,比较难以研究。我们只能大致说出这个服装是怎么样的,或是在哪一个地域范围内的。在时间维度上描述服饰的变化发展,就比较困难。

敦煌自十六国以来,经历了很多少数民族政权和集团的占领和统治,留下了丰富的实物。敦煌壁画,更是用图像做了或长或短的记录。这些民族包括当地汉族的服饰文化,在此展现、交流和融汇。所以,敦煌壁画对研究少数民族服饰来讲,是特别地重要。

(一)北朝的鲜卑与其他民族的交流融合

敦煌莫高窟有北凉至隋的36个洞窟。这36个洞窟,基本上就可以反映北朝到隋期间的服饰演变情况。在这36个洞窟当中,比较多的是故事画和经变画,还有少数的供养图画,从中可以看到十六国北朝的人物和他们的服饰。北朝中时间比较长、比较强大的朝代是北魏。北魏是拓跋族统治的时代,后来它分成东、西魏。西魏后来变成北周,统治集团是宇文氏家族。宇文氏和北魏的拓跋氏都属于鲜卑族。拓跋鲜卑的民族成分非常复杂,可以看作是一个里面包括了匈奴、丁零、柔然和乌桓等在内的北方少数民族大联盟。北魏时期的孝文帝拓跋宏或者叫元宏,他醉心于汉化。他在位期间努力推行汉文化,其中很重要的一个部分就是汉族服饰,特别是礼制服饰。

在这个时期,以鲜卑族为中心的北方各个民族服饰有一个大融合,并融入很多汉族元素。这样一个现象,可以从洞窟里面的壁画看到。

莫高窟北魏第297窟中有《沙弥守戒自杀缘变图》。这个图里面就出现了天竺国的贵族长老，他的民族属性，就应该是南亚大陆的哪一个民族了。他穿的衣服，是高冠大袖长袍曳地的汉服。在西魏第288窟的供养人图中，有人着戴笼冠。这个笼冠是汉族用了很久的一种冠。还有长袍，也是近于汉式的大袖长袍。他们穿的那个履，前头有点翘起来，叫笏头履。这种履，也是汉族服饰的一个标志。壁画中还有梳高髻、穿大袖衫、下系间色裙的女性。女性梳高髻、穿大袖衫是汉族女性的风格。下面再系间色裙，就是有异色条纹相间的裙，这又被认为是胡服，是西域的特色。她们的侍从穿了对襟的圆领窄袖短衫，边缘又有不同颜色的装饰。这个短衫下摆只到膝盖。汉族的袍衫会比较长，通常会长到脚踝，而它只到膝盖。她们的裤子非常肥，这种肥的裤子下面还会扎口，有的到脚踝处会系扎，有的会在膝部扎。这样的裤子，也是具有少数民族风格的。服装上下的配色，一般是衣服比较深，裤子比较浅。

在西魏第285窟中有很多穿戴着胡帽的人物。胡帽是上小下大、外形呈皮酒袋状的帽子。他们还穿着裤褶。所谓裤褶，就是上面穿件套头衫，下面裤子很肥大，在膝盖的地方用带子系一下，然后再把膝盖上面部分拉下来一点，遮住带子，脚下穿靴。这种配套服装是比较利索，比较便于活动的。这也是一种少数民族的穿法。他的束带和靴子，也具有明显的少数民族特征。有的画上出现这样一批男性侍从，旁边还有题名，说明他们的名字叫"滑黑奴""在和""难当"等，这些名字也都是少数民族的。所以可以判断，这些人的身份基本上都是以鲜卑为主的少数民族。

上面那些洞窟反映了早期北朝至隋初的情况。

（二）唐代吐蕃

唐代的洞窟比较多。盛唐洞窟里的壁画描绘了非常华丽的服饰，可以反映中原衣冠的风貌。敦煌研究院的赵声良博士考证过，在敦煌壁画中，有些壁画比如《帝王图》跟卷轴画里面阎立本画的《历代帝王图》或《步辇图》是非常相似的。它们之间的渊源关系是很近的。我们特别关注的是一些少数民族的服饰，这在其他材料中是很少见的。比如唐建中二年到大中元年，这之间有66年的跨度，在这个66年里面，敦煌是在吐蕃的统治下。吐蕃是现在西藏人民的先辈中的一支。敦煌地区处于吐蕃政权的统治下的时候，生活还是比较安定的。所以在那个时期，营造的石窟数量还是比较多的。到现在没有被破坏、被改建的，还有50多个。这些洞窟虽然建在中唐时代，其风格却更加接近盛唐，具有盛唐的余韵。敦煌在这一时期，佛教非常兴盛。这些洞窟里面，都有表现当时服饰的精美壁画。比如莫高窟第159窟、第231窟和第237窟当中，有赞普和他的侍从的形象。画面上的吐蕃赞普，都穿着对襟的翻领袍或者交领袍。这种翻领袍是汉族没有的。有些画面上赞普穿左衽长袖的缺胯衫，这也是汉族不穿的。

汉族袍衫是右衽，把左衽是看作异族的标志。左、右衽之分是华、胡之别的重要标志。画面中我们还能发现云肩，就是在肩部的一种云状刺绣或者织锦的饰物。穿着者束革带，下面穿着长靿的乌靴。

他们的头发编成辫子，放在耳侧；胸前挂瑟瑟珠，佩长剑，戴红毡做的高帽。这种帽子称作朝霞冠，也是赞普所特有的。

这些壁画中的吐蕃人士的服饰，也明显受到中原汉族的影响。正如唐人陈陶在《陇西行》中所称，"自从贵主和亲后，一半胡风似汉家"。

文成公主和亲，嫁到西藏。与文成公主成亲以后，赞普服饰也采用了很多汉人的元素。比如大家可以看到，这些壁画上的赞普形象都是面如冠玉，皮肤很白，也不留须，看上去都有一点像女性。东华大学曾经复制过一些吐蕃的服装。复制好以后要摄影，还请了一些同学来穿衣服做模特。请了男同学穿效果不好。后来还是请了一个高大的、脸也比较丰满的女生，装扮后的效果和壁画上的赞普几乎是一模一样。大家知道，吐蕃人本来有涂面的习惯。他们会在脸上涂深色，一种近于绘画颜料赭石的颜色。据说文成公主嫁过去以后，她不喜欢这种脸上的妆容，然后他们听从劝告，就洗掉涂面。而像壁画上那么白的面色，我猜测，应该还敷粉了，就像女性要敷粉那样。敦煌壁画上所有吐蕃赞普的形象，都如白面书生，也是很有意思的。

（三）晚唐回鹘

到了晚唐五代，中央政府的控制力下降，权力就慢慢落在各地的节度使手中。在敦煌时代，有所谓归义军。前有姓张的归义军，后有姓曹的归义军，就像割据的军阀那样。曹议金时期的政权是比较灵活的。它一方面向晚唐或者到五代初后梁的那个政权表示忠心，另一方面它又跟周围像甘州回鹘那样非常强大的少数民族军事力量议和，乃至结亲联姻。

因此，这时期壁画中出现了大量回鹘人物的服饰形象。回鹘是现在新疆维吾尔族人的先民，是他们的祖先的一支。回鹘人的服饰在敦煌能够看到，是让大家很惊喜的。曹议金夫妇是信佛的。他们开凿洞窟，绘制壁画，在莫高窟就有 11 个窟。在曹议金时代其他人又开有 13 个窟。

榆林窟有 5 个洞窟，西千佛洞有 3 个洞窟，这些洞窟里面有很多回鹘人的服饰形象。

榆林窟第16窟就是一个很好的例子，里面有绘制精妙的供养人图像。第16窟的主甬道北壁绘有曹议金和他的侍从，一共是两身，一个曹议金，一个侍从；南壁则绘有回鹘夫人，两个侍女，共三身。曹议金夫人是回鹘天睦可汗之女，人称回鹘天公主，嫁入曹议金家后，仍然是穿回鹘的服装。她头戴桃形冠。桃形冠是回鹘服饰里面一个非常典型的标志物。她的身上穿的是茜色的翻领大袍。翻领大袍也是典型的回鹘装。关于这个翻领现在有两种说法，一个说这是一个翻领，一个是说这个领是一个镶领。我个人是比较认可翻领这个说法。这个翻领的里子和面料用了不同颜色和花纹，领子翻出来的时候，显示了里料和面料的对比，形成很好的效果。袍非常长，曳地的长袍应该还是反映了汉族文化的一些影响。回鹘装的袖口也具有一个重要的特征，袖子本身比较宽大，然后袖口即靠近手腕的部分突然缩小，这种在汉代叫袪，也是回鹘装的一个很明显的特征。这一点，我们也是通过晚唐五代壁画发现的。

（四）西夏党项

1035年前后，西夏攻破了甘州，莫高窟和榆林窟到了西夏政权的统治下。这个时期的壁画，可以反映西夏党项人的服饰的情况。榆林窟第29窟出现了西夏国师和沙洲监军赵麻玉的形象。

赵麻玉，虽然姓名如汉人，其实却是党项人。晚唐时党项人经常出兵，帮助唐朝的中央政权抵抗各种反对它的势力，得到唐朝皇帝的赐姓。唐朝皇帝自己的姓赐给党项人，赐姓李以作奖励。到了宋代，党项人又因同样的原因被赐姓赵。党项人中姓李、姓赵的，或者先姓李后姓赵的,其实都不是汉族人。壁画上赵麻玉穿一件圆领团花窄袖袍,膝盖上加襕。所谓襕,就是一条横排的小图案组合条纹。腰系固腰,固腰,就是比腰带要宽很多的服饰配件。固腰外面还系一根较细较长的腰带。腰带一端会长长地垂下,几乎要到地面。他所戴的冠帽两侧,都有朝前上方的帽翅,有点像翅膀。这种服饰,就是带有汉族服饰元素的党项服饰。他身后有两个武官,最后那个武官其实是他的儿子。他穿的衣服,虽然和赵麻玉的衣服非常相似,也是个圆领袍,但是他的膝盖上没有襕。所以有的学者就推测,在党项政权下,袍服之有襕或者无襕,是一种等级高低的标志。因为赵麻玉有襕,那他地位高一点,他儿子的服饰的等级就低一点,没有襕。

女供养人所着袍比较短,且为右衽,与汉族的右衽相近。但是,她的袍两边开衩,而且衩开得非常高,一直开到腋下,这个是以前没有看到过的。而且由于开衩到腋下,露出了里面穿的裙,那裙非常长,在袍摆之下露出一大截,引人注目。裙面布满密密的褶裥,我们称之为"顺风裥",相当于西方的"knife pleats"(刀褶)。这种密褶长裙特征强烈,一直到元代、明代和清代,甚至民国初年还或多或少保留了这种褶裥裙的影响。这种褶裥的形式,应该最早就出现在西夏。到了清代,它成为女裙最重要的一种典型,叫马面裙,两面打顺风裥,前后中央都有裙门。这种马面裙的起源,被有的学者认为是从西夏党项人的裙开始的。

(五)元代蒙古

1227年蒙古大军攻占了沙州,敦煌处在蒙古军的统治下。

蒙古军在敦煌很注意经营和管理移民农业生产。因为战乱,当地居民离亡逃散很多。蒙古人把一些流民移置敦煌，并与一部分军队士兵在那边屯田，兴修水利。人民生活逐渐安定下来了，在莫高窟又有了新建的洞窟，如第6窟明窗前室西壁南北侧有供养人八身，第462窟东下部有供养人四身，第463窟有女供养人三身。其中比较有趣的，就是女供养人戴姑姑冠、穿长袍，这个是服饰史的学者比较关心的。蒙元人很注意造像。他的历代帝后，都有造像传世。这些造像有的是绘画，有的是织锦，有的是缂丝，有的是刺绣。如果这些造像与敦煌洞窟里的供养人像进行比对，就可以发现，他们具有相同的时代特征。姑姑冠是一种高而长的冠，顶端是尖的，基本上造型是一个圆锥形，上面会有一些金玉珠宝悬挂下来。这种姑姑冠在中国大陆的各个博物馆当中几乎已经找不到了，在境外还有一些。所以研究姑姑冠，我们主要靠图像。

相对于中原地区，敦煌地区常常是在战乱的时候反而比较安定，所以才能保留那么多佛教艺术品，那么多服饰图像，来供我们后人研究和学习。

综上所述，敦煌文物以洞窟壁画与服饰艺术相关度最高，其中又以供养人画所反映的服饰最为真实。敦煌壁画为中国服饰史研究提供了新的材料和视角，对中国少数民族的历史服饰研究来说，是必不可少、无可替代的。

第十三章　敦煌文化与艺术的保护和传承弘扬

王旭东

故宫博物院院长

敦煌因其得天独厚的自然和人文环境,在欧亚文明互动、中原民族和其他民族文化交融的历史进程中占有重要地位。古代丝绸之路的兴盛和繁荣发展,促进了东西文明的交融荟萃,集中体现在佛教艺术宝库——敦煌莫高窟的营建过程上。基于价值角度讲述敦煌文化与艺术的保护与传承,可分为六个部分,分别为:敦煌与敦煌石窟概况、敦煌文化艺术的基本特征、敦煌文化与艺术面临的保护问题、敦煌文化艺术的保护、敦煌文化艺术的传承弘扬和敦煌文化艺术的展望。

一、敦煌与敦煌石窟概况

(一)地理位置

敦煌位于中国甘肃河西走廊西端,属典型的暖温带干旱型荒漠气候。东有三危山,南有鸣沙山,西边的沙漠与罗布泊相连,北面的戈壁与天山余脉相接。敦煌位于党河的冲积扇带和疏勒河冲积平原,靠积雪融水和地下水的滋润,形成一块宝贵的沙漠绿洲。

(二) 历史沿革

敦煌很早就有人类活动,青铜时代以四坝文化为代表的原始文明就已经出现,并以天然优越的地理位置开始充当东西文化交流的通道。张骞凿空西域之后,西方文化和中原文化相继进入此地,敦煌一跃成为古代丝绸之路的重镇。自此以后,长期在欧亚文明互动、中原民族和其他民族文化交融的历史进程中更是占有重要地位。佛教沿着丝绸之路向东传入中国的过程中,敦煌是重要的一站,在公元4—14世纪,古代的官员、僧众和艺术家们利用敦煌得天独厚的自然和人文环境,在此相继营造了敦煌莫高窟、西千佛洞、肃北五个庙石窟、瓜州榆林窟、瓜州的东千佛洞等一系列石窟,我们统称为敦煌石窟。随着丝绸之路的衰落,敦煌显得不再那么重要,元代以后敦煌停止开窟,宗教功能基本上丧失,逐渐地荒废。然而,随着敦煌藏经洞的发现,佛教经卷、社会文书、刺绣、绢画、法器等50 000多件出土文物震惊了世界,敦煌石窟作为文化遗产又重新引起了国内外学术界的重视。

敦煌莫高窟绵延千年,内容丰富,单体数量巨大,既继承了本土汉晋文化的传统,吸收了南北朝和唐宋艺术的风格,又不断地接受、改造、融合印度、中亚、西亚的艺术风格,向人们展示了中国佛教美术史的发展历程,是中国美术史和西域艺术世界美术史重要的交流的历史见证,蕴含着多元的、世界性的价值,具有超越时空、经久不衰的魅力,这些对研究中国美术史和世界美术史都具有重要的意义。

在这片神奇的净土——敦煌及其敦煌文化艺术宝库中，我们可以看到吉花瑞草和绿树青山勃勃的生机，奔流的长河汇聚到大海，重重的楼阁、宏伟的殿堂、壮丽的城池、欢快的乐舞，还有美丽的飞天、祥和的街坊邻里及许许多多精彩的画面。让人觉得奇特的是，这美丽的大千世界，却诞生在这荒凉、寂静的大漠戈壁之中，而且在时间的长河中不间断地营建了一千余年。究其原因，这里不但是丝绸之路上的重镇，还是汉文化和西方世界沟通的咽喉要道。两千多年前，汉武帝开拓西域，于元鼎六年（公元前111年），设立了敦煌郡。无数车辙、人马经由此处的行走实践，汇集形成了这里的丝绸之路，连接东方与西方。随着贸易与文明交流的展开，敦煌成为丝绸之路的关键要地。敦煌境内现存汉王朝修建长城约150公里，当年为维护丝路畅通起到了重要的作用。"阳关""玉门关"这些耳熟能详的名字，铭记着我们这个民族向西进取的雄心和向东回望时的无限乡愁。

　　敦煌是一个与中华民族历史记忆和文化血脉息息相关的名字，它是中古世界中华文明与世界几大文明体系发生碰撞的前沿。众多曾深深影响中国文化的佛教经典在此被翻译为汉语，众多佛教高僧与儒家大儒，都曾在这里驻足，发挥影响力。敦煌独特的自然地理环境也为东来西往的使者、僧侣、商旅和军队提供了休憩的场所和充足的生活保障。敦煌艺术正是在这种多元文化的交汇之下，由善巧的心灵、漫长的时间与广阔的空间所造就的文化艺术宝库。敦煌莫高窟的千年营建与发展，必须要感恩两条"河流"。一条是在石窟前流淌的宕泉河，她为莫高窟带来了生机与绿色；另一条是敦煌本土及丝路上往来的民众，他们世世代代的诚敬供养,不辍营建所汇聚的心灵之河,造就并延续了辉煌的敦煌文化艺术。

二、敦煌文化艺术的基本特征

莫高窟艺术是敦煌文化艺术的主体,被誉为丝路明珠、人类文明宝藏。总括起来,莫高窟艺术有以下六个方面的特征:

(1)分布规模大。莫高窟南北二区现存洞窟共计735个,有壁画彩塑的洞窟492个,现存壁画将40 000多平方米,彩塑2 000余身,是现存最大的石窟艺术群,堪称世界古代佛教艺术的宝库。

(2)历史时间跨度长、延续性强。莫高窟开凿于十六国时期,历经北凉、北魏、西魏、北周、隋、唐、吐蕃、五代、宋、回鹘、西夏、元等千余年时间,艺术传承关系非常清晰,几乎包括了整个佛教入华以来的开窟造像史,也是一部图像版的敦煌及其周边的关系史。

(3)具有鲜明的时代特征和区域性特征。莫高窟艺术富于时代特色,在共性上鲜明地体现着各历史时期,中原王朝和地方政权流行艺术的样式特征,同时,也反映出丝绸之路上中西交流的旺盛活力和敦煌本地文化的强大整合能力。

(4)艺术表现形式多样。莫高窟艺术是石窟营造、壁画、彩塑三位一体的艺术,另有木构窟檐、殿堂建筑、窟前佛塔、寺院等建筑遗迹及出土各类器物,窟内花砖艺术,石雕石刻艺术,以及发现于藏经洞的绘画、刺绣、幢幡、写经书法、木雕、书法等。内容涵盖佛教尊像画、世俗人物画、历史故事画、世俗生产生活的场景、历代的名物、山水风景画、图案等艺术题材,包罗万象。

（5）制作技法富于变化。莫高窟艺术是以绘画、彩塑为主要内容的艺术表现形式，其中绘画艺术强调线描与传神结合，以彩色壁画为主，另有白描画、版画等绘画艺术形式；彩塑有立体的圆塑、贴壁的半圆塑、高浮塑、石胎泥塑、模制影塑等，汇集了众多中国古代绘画与彩塑技法。

（6）具有文化艺术多样性特征。莫高窟艺术是以汉民族艺术为主，但她也是包括鲜卑、波斯萨珊、粟特、突厥、吐蕃、回鹘、党项、蒙古等广大民族艺术在内的艺术综合体，是多民族艺术文化交汇融合的结晶。敦煌艺术被誉为"形象的历史"，它在弘扬佛法、广布教化的同时，客观上也以图像的形式，呈现了自十六国北朝以来敦煌、河西以至中国北方的许多的历史真实，以图证史，史料价值非常高。

因此，莫高窟因符合世界文化遗产的全部六项标准，于1987年被列入《世界文化遗产名录》。这六条标准是：

（1）代表一种独特的艺术成就，一种创造性的天才杰作；

（2）能在一定时期内或世界某一文化区域内，对建筑艺术、纪念物艺术、城镇规划或景观设计方面的发展产生极大影响；

（3）能为一种已消逝的文明或文化传统提供一种独特的至少是特殊的见证；

（4）可作为一种建筑或建筑群或景观的杰出范例，展示出人类历史上一个或几个重要阶段；

（5）可作为传统的人类居住地或使用地的杰出范例，代表一种（或几种）文化，尤其在不可逆转之变化的影响下变得易于损坏；

（6）与具特殊普遍意义的事件或现行传统或思想或信仰或文学

艺术作品有直接或实质的联系。

三、敦煌文化与艺术面临的保护问题

敦煌文化艺术的载体是莫高窟所处岩体和洞窟建筑，这样一份珍贵的人类文化遗产，历经一千余年，不断地承受着自然和人为因素的破坏。莫高窟地处中国西北戈壁沙漠环境中，地震、风沙、集中式的降雨、温差大等特殊的自然环境，影响石窟围岩的病害主要有坍塌、风蚀和开裂；降水等引起的水盐运移造成壁画酥碱、疱疹等多种病害；壁画制作材料的老化也会导致地仗层空鼓、颜料层褪色、脱落和起甲等多种病害。

1944年之前，莫高窟几乎处于无人管理的状况。随着藏经洞的发现，西方探险家或考古学家蜂拥而至，先后有英国的斯坦因、法国的伯希和、俄国的奥登堡、日本的吉川小一郎和橘瑞超、美国的华尔纳等。他们通过各种手段从道士王圆箓手中骗取了藏经洞出土的大量文物，有些甚至盗取壁画彩塑。1924年，滞留莫高窟达半年之久的沙俄白军生活居住在洞窟内，产生大量烟熏、胡乱刻画病害，给莫高窟壁画彩塑造成了极大的破坏。每逢当地传统节日，老百姓拥入莫高窟，也会有意无意给十分脆弱的壁画彩塑带来伤害。

1979年，莫高窟正式对游客开放，游客人数从当初的2万多人一直增长到2014年的80万，2015年更是达到了115万，2016年超过了130万，2018年达到了217万。随着旅游业的不断发展，游客数量将会不断地增加。大量游客进入洞窟参观，会打破洞窟小环境的平衡，温度、湿度、二氧化碳浓度都会急剧地变化,甚至会造成微生物的滋生。小环境平衡被打破,会给壁画彩塑保护带来潜在的威胁。与此同时,随着经济社会的发展,莫高窟保护范围内的景观环境也不同程度地会受到了一些影响。

四、敦煌文化艺术的保护

如何消除或减缓自然和人为因素给莫高窟保护带来的诸多的威胁,是几代敦煌莫高窟人孜孜以求、不断探索的神圣的事业。下面分别从文物保护的基本概念、原则、工作程序、过去、现在及未来等五个方面来讲述敦煌文化艺术的保护。

(一)文物保护的基本概念

什么是文物保护呢?就是为保存文物古迹实物遗存及其历史环境进行的全部的活动。那保护的目的是什么呢?是真实、全面地保存并延续其历史信息及全部价值。通过技术和管理的手段,修缮自然力和人为造成的一些损伤,制止新的破坏,是我们的主要保护任务。

(二)文物保护的基本原则

《中国文物古迹保护准则》给我们提出了非常明确的保护原则,其中包括:

(1)不改变文物原状;

(2)真实性原则;

（3）完整性原则；

（4）最低限度干预；

（5）保护文化传统；

（6）使用恰当的保护技术；

（7）防灾减灾。

（三）文物保护的工作程序

任何工作都要有一定的科学的程序，文物保护也有它的科学程序。文物保护，首先是一种文化活动，同时也是一种科学研究活动。文物保护必须按照一定的程序来进行。下图所示程序是我们多年工作的总结和凝练。保护的6个步骤之间是一种逻辑关系，而且研究工作要贯彻始终。文物古迹的不可再生性，决定了对它干预的任何一个错误，都是不可挽回的。如果前一步工作失误，必然给后一步造成损害，直至危害全部保护工作。因此，必须分步骤、按程序地开展工作，力争使前一步正确的工作结果成为后一步工作的基础。

文物保护重要的不是我们能做什么，而是我们应该做什么。评估在保护全过程中具有基础性地位，各项研究工作应贯穿于保护工作的全过程，日常保养维护和监测作为非常重要的保护措施应予以高度重视。如果我们能在各类文物保护工作中认真落实这五方面的内容，相信会少犯很多错误，少走很多弯路，更重要的是可以大大减少保护性破坏的发生。在《中国文物古迹保护准则》的指导下，我们通过总结多年从事古代壁画保护实践，形成了壁画保护的基本程序，将其归纳为12步保护法。主要有：

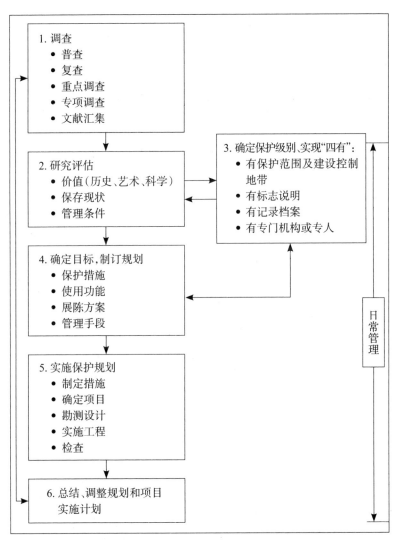

1. 调查
   • 普查
   • 复查
   • 重点调查
   • 专项调查
   • 文献汇集

2. 研究评估
   • 价值（历史、艺术、科学）
   • 保存现状
   • 管理条件

3. 确定保护级别，实现"四有"：
   • 有保护范围及建设控制地带
   • 有标志说明
   • 有记录档案
   • 有专门机构或专人

4. 确定目标，制订规划
   • 保护措施
   • 使用功能
   • 展陈方案
   • 管理手段

5. 实施保护规划
   • 制定措施
   • 确定项目
   • 勘测设计
   • 实施工程
   • 检查

6. 总结、调整规划和项目实施计划

日常管理

文物保护工作程序

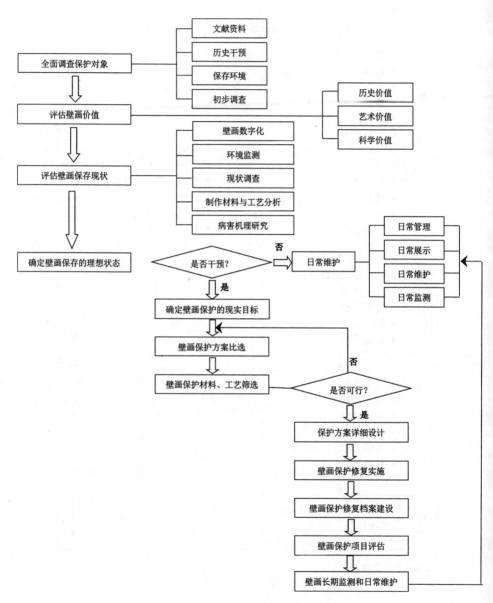

壁画保护程序

1. 全面调查保护对象

主要开展的工作有文献资料、历史干预信息、考古资料等的收集，保存环境和保存现状的初步调查和了解。

2. 高度重视价值评估

根据《中国文物古迹保护准则》要求，结合现场调查资料，采用各种分析方法，将壁画价值按照历史、艺术、科学、社会文化等价值进行详细评估。

3. 壁画保护现状评估

利用各种技术手段对壁画病害的类型和分布进行详细调查，对壁画制作材料和工艺的进行测试，初步分析病害的成因，根据假设病害成因，通过布设环境监测设备和开展模拟试验，研究壁画病害机理，查明壁画病害的成因。

4. 确定壁画保存的理想状态

通过以上调查和研究，找出壁画保存的理想状态，判断壁画是否需要进行干预。如果不需要干预，就进入日程保养和维护阶段；如果需要干预，需要进行下一个环节。

5. 确定壁画保护的现实目标

壁画保存状态往往存在一定的问题，一般情况是达不到理想状态的，因此必须采取一定的技术措施和管理手段进行一些必要的干预，才能达到或接近于我们认为的理想状态。对必须干预的保护对象需要确定一个现实的保护目标,以使保护工作具有较好的可操作性,在确保状态稳定的前提下,还要保证保护对象的真实性和完整性。

6. 壁画保护初步方案比选

针对壁画存在的问题,提出多种可行的初步的保护方案,并分析各种方案之间的优劣,并选定初步保护方案。

7. 壁画保护材料和工艺的筛选

对拟定的初步保护方案,通过分析不同保护材料的性能,进行室内的模拟试验,开展保护材料与工艺的筛选工作,优选出可行的保护材料。根据室内试验的结果,在现场不太重要的部位开展一些小范围的试验,并对保护效果进行评估,最终筛选出可行的保护材料和保护工艺,为保护方案的详细设计来提供依据。

8. 保护方案详细设计

根据以上调查和研究成果,进行壁画保护实施方案详细设计,必须要达到修复人员可以按照设计方案开展壁画保护修复这样一个深度。

9. 壁画保护修复方案实施

选择具有资质的机构和修复人员,承担壁画保护修复项目。在实施全过程中,设计人员,甚至研究人员都要参与和指导。

10. 壁画保护修复档案的建设

在壁画保护修复过程中要做好修复档案的建设工作,为今后的保护和研究留下翔实的资料。保护修复档案应当包括保护过程中所有的资料。

11. 壁画保护项目评估

壁画修复过程中需进行多次保护项目的评估,发挥各学科专家的作用,确保相关措施的必要性、科学性和可操作性,利用最小的和适度的干预达到大家认为理想的保护状态。

12. 长期的监测和日常维护

通过一次保护项目并不能完全解决所有的保护问题,因此,保护修复项目的完成并不是壁画保护工作的结束,还应对保护效果进行长期的监测评估,做好壁画的日常维护的保养工作。

(四)敦煌莫高窟的保护

自1944年敦煌研究院的前身国立敦煌艺术研究所成立以来,莫高窟的保护已经走过了70多年的历程,以常书鸿、段文杰、樊锦诗为代表的几代莫高窟人,为敦煌石窟的保护、研究和弘扬事业做出了巨大的贡献。在这个过程中,敦煌莫高窟的保护始终得到社会各界和国际社会的高度的关注,尤其是20世纪80年代以来,敦煌研究院开展了广泛的国际、国内合作,与美国的盖蒂保护研究所、东京艺术大学、东京文化财研究所、澳大利亚遗产委员会、英国考陶尔德艺术学院、美国梅隆基金会、美国西北大学、美国敦煌基金会等,在人才培养、敦煌学研究、文物保护、"数字敦煌"项目、敦煌文化的弘扬等领域取得了令人瞩目的成果。21世纪初,莫高窟的保护从抢救性保护逐步迈向预防性保护的新阶段。

1. 莫高窟保护的过去

　　常书鸿先生到莫高窟以后,做的第一件保护项目就是修筑围墙,以防止游人和当地居民的随意进出。当时几乎所有洞窟都是敞开的,游人、香客,尤其是逢年过节,当地老百姓可以随意地进出洞窟,有意无意地会伤害壁画彩塑。所以他实施这样一项伟大的保护工程,主动地控制了人为因素导致壁画彩塑的损伤。

　　风沙防治也是他们不断探索的一项工作。风沙危害是影响莫高窟保护的最大的因素之一。莫高窟背靠延绵几十公里的鸣沙山,大量的沙粒随着强烈的西风、西北风进入窟区乃至进入洞窟内。几乎底层洞窟都被积沙掩埋,沙粒不仅磨蚀壁画彩塑,更为严重的是降雨会沿着积沙进入洞窟,导致壁画彩塑的破坏。从20世纪40年代开始,几代莫高窟人不断地与风沙做抗争。从清理积沙到修筑挡沙墙再到挖挡沙沟,可谓持之以恒地、不懈地寻找治理风沙危害的灵丹妙药。在我们今天看来,这些艺术家做的防沙措施不是非常的科学,甚至有点幼稚可笑。但我们从中看到了一种精神,尽管失败多于成功,但他们的这种探索精神更让我们看到努力的方向。今天,一个集生物治沙、工程治沙为一体的莫高窟风沙防治体系已经基本建成,这无不凝聚着几代人莫高窟人的心血。

　　第三个比较大的保护工程是莫高窟崖体的抢险加固。莫高窟崖体加固工程包括南区崖体和北区崖体两个部分。从20世纪50年代的试验加固,到60年代的全面加固,以及到21世纪初完成的北区的加固工程。其中,五六十年代的崖体加固属于莫高窟的抢救性保护的阶段，那时《威尼斯宪章》还没有颁布，但工程受到了梁思成先生的指导。早在1932年，他就提出了中国古建筑保护的基本理念：以保存现状为保存古建筑之最良方法，复原部分非有绝对把握，不宜轻易施行。按照这一原则，1951—1956年间，前辈们对莫高窟的5座木构窟檐进行了整修，对60米长的崖体及木栈道进行了试验性加固。1962年，梁思成先生专门针对莫高窟的全面加固提出了"有若无，实若虚，大智若愚"十字保护设计原则。在这一原则的指导下，工程设计人员、施工人员和莫高窟的文物保护专家通过不断思想碰撞，共同实施了这一莫高窟保护史上极其重要的工程。整个工程采用了梁柱"支顶"、重力挡墙、危岩清刷等工程措施。施工过程中针对崖体可能从上面坍塌、新墙可能沉降等问题，经过反复研究，多次试验，制成了外观为砾岩状的挡墙，体现了"修旧如旧"的精神。按照今天的认识，该加固工程过多地改变了莫高窟崖体的形貌。但客观上讲，它不仅解决了崖体乃至洞窟的坍塌问题，而且从材质和结构上最大限度地与崖体的岩石结构和形貌保持相似或者相近，又为旅游搭建了良好的通道。由此可见，当时中国的文物保护理念就受到了西方保护理念的影响，或者可以说有些保护原则具有普适性，英雄所见略同。实际上，当时我们的文物专家和设计施工人员，为了梁思成先生提出的这十字设计原则不停地争论，最终确实达成了一致。后来，我的一个老前辈告诉我，工程完工10多年以后，他见到了那个项目的设计人员。那个设计人员告诉他："那个时候我们确实太年轻了，如果再给我一次机会，我一定会把莫高窟的加固工程做得更好。"到了21世纪初，北区崖体的加固就根据《中国文物古迹保护准则》提出的原则，采用我们当时比较成熟的锚固技术、裂隙灌浆技术和PS材料防风化加固技术,较好地解决了崖体形貌坍塌、裂隙渗水、崖体表面风化等问题,加固后崖体形貌几乎与加固前一致。

第四,重层壁画揭取也是过去遇到的一些问题。莫高窟的壁画因经过了不同历史时期的建造,存在大量的重层壁画。重层壁画少则两层,最多的可达四到五层。20世纪50年代前,有人揭取了一些重层壁画,露出唐代甚至更早时期的壁画,这让他们非常兴奋。但随着保护理念的提升,开始检讨揭取重层壁画的行为。《威尼斯宪章》指出,各个时代为古迹建筑物所做的正当贡献予以尊重。当一座建筑物含有不同时期重叠作品时,揭示底层只有在特殊情况下,在被去掉的东西价值甚微,而被显示的东西具有很高的历史、考古或美学价值,并且保存完好足以说明这么做的理由,才能证明其具有正当性。评估由此涉及的各部分的重要性以及决定毁掉什么内容,不能仅仅依赖负责此项工作的人。《中国文物古迹保护准则》也指出,修复工程应当尽量多地保存各个时期价值的痕迹,恢复的部分应以现存实物为依据。因此,自20世纪80年代以来,敦煌研究院在对待重层壁画揭取问题上更加慎重,到目前为止,我们没有再实施过任何形式的揭取活动。

2. 莫高窟保护的现在

(1) 科学保护

《威尼斯宪章》指出:"当传统技术被证明为不适用时,可采用经科学实验数据和经验证明为有效的现代建筑及保护技术来加固古迹。"《中国文物古迹保护准则》指出:"按照保护要求使用保护技术,独特的传统工艺技术必须保留,所有的新材料和新工艺都必须经过前期试验和研究,证明是最有效的,对文物古迹是无害的,才可以使用。"所以,自20世纪80年代以来,莫高窟的保护进入科学保护阶段。这个时期,敦煌研究院充实了保护的科学手段,增加了先进的技术,扩大了国内外合作,开展了壁画颜料分析、环境监测、风沙防治、壁画病害机理、游客承载量等研究,为洞窟壁画的科学保护和修复奠定了基础。尤其是与美国盖蒂保护研究所合作完成的莫高窟第85窟保护项目,堪称这一时期的典范,也可以说是中国壁画保护具有里程碑意义的项目。这个项目作为《中国文物古迹保护准则》的试点,用来检验准则在壁画保护领域的适应性。它通过价值评估、现状调查评估、环境监测、病害机理分析、保护修复材料与工艺研发、保护修复的实施到保护效果的评价,以及长期监测等手段,不仅解决了长期困扰莫高窟空鼓壁画、酥碱壁画保护的难题,更重要的是建立了一套比较科学的壁画保护的工作程序。项目形成的成果已推广应用到了包括敦煌石窟在内的许多石窟寺、殿堂、墓葬壁画的保护实践中。

（2）预防性保护

预防性保护就是通过对遗址存在的各种风险进行监测、评估,进而提前做好预防控制,及时处理那可能造成更大破坏的问题。日常监测和日常维护保养是最重要最有效的预防性保护的手段。

20世纪90年代以来,日常监测作为莫高窟保护管理的重要工作之一,包括风沙活动的监测、气象环境的监测、洞窟微环境的监测、裂隙的位移监测、地震监测、游客的行为监测、壁画保存现状定点定时的监测等。目前在科技部与国家文物局的支持下,我们已初步建立了莫高窟风险监测的预警体系,随着这个体系的逐步完善,莫高窟将正式进入预防性保护阶段，以实现变化可监测、风险可预报、险情可预控、保护可提前的世界文化遗产保护的管理目标。

（3）景观环境保护

《威尼斯宪章》指出，古迹的保护包含着对一定规模环境的保护，古迹不能与其所见证的历史和其产生的环境分离。正是在这一原则的启发下，20世纪80年代以来，敦煌研究院将莫高窟重点保护区内的生活设施和办公设施逐步搬迁至对面的一个山沟里，借助一个小山包，将莫高窟与办公生活区自然地进行了物理隔离。通过对宕泉河东岸的一个山包向下开挖，兴建了一座半地下的陈列中心，其建筑形式与景观环境十分协调，把建筑体量对景观的破坏减小到了最低的程度，该项目的选址和建筑设计受到了各方的赞誉。

2003年，为了莫高窟游客中心的选址，我们邀请了各方面的专家做了认真细致的比选论证，最终将该建筑建在了距离莫高窟核心保护区15公里以北的建设控制地带内，其建筑的形式、体量也满足建设控制地带的管控要求。当然，我们也将敦煌研究院创业初期的一些建筑，作为莫高窟保护史的一部分予以保留，体现第一代莫高窟人在各方面条件极其艰难的情况下，为莫高窟的保护与研究所付出的艰辛，也激励我们这些后辈沿着他们的足迹继续前行。

（4）数字化保护

从20世纪90年代开始，敦煌研究院就开始了壁画数字化尝试。经过了20年不间断探索创新，在相关的机构的支持下，现在已经形成了一整套的敦煌石窟的洞窟、壁画、彩塑的数字化技术，完成了140个洞窟的数字化，其中包括壁画的高保真存储、彩塑三维重建及三维打印、洞窟三维扫描及重建等，为实现预防性保护打下了一个非常坚实的基础。相对于实体保护存在的阶段性，数字化的保护可以实现永久保存。但数字化也有局限性，它不可能把我们壁画、彩塑的所有信息都采集下来，因为莫高窟壁画有好几层，甚至一些美术、工艺方面的一些信息，也不可能通过数字化把它全部采集下来。

3. 莫高窟保护的未来

在未来，敦煌石窟的保护，将逐步从抢救性保护过渡到预防性保护的新阶段。基于风险管理理论开展敦煌石窟的风险监测预警体系建设，重视遗产地的日常监测、日常管理和日常维护，加快"数字敦煌"项目的实施，在未来10年内完成敦煌石窟300个重点洞窟的数字化工程，真实保存石窟及其壁画彩塑，以防患于未然。同时，将与地方政府紧密合作，加大对莫高窟保护范围及建设控制地带的景观环境保护，确保这一珍贵世界文化遗产得到真实、完整、可持续的保护。

五、敦煌文化艺术的传承弘扬

关于敦煌文化艺术的传承弘扬，在深入研究的基础上，立足本土、面向国际推广，让这一人类共有的文化遗产为当今世界和平发展和文明交流做贡献。

首先，按照负责任的文化旅游的理念，做好国内外游客的接待服务工作。所谓负责任，就是既要对文物负责任也要对游客负责任。为此，经过多年研究，我们给出了莫高窟的合理游客承载量。

基于这样一个研究结论和"数字敦煌"成果，建成了莫高窟数字展示中心，并由此开创了以网上预约、单日限流+旅游旺季应急参观的莫高窟开放新模式，一定程度上实现了文物保护与旅游的平衡。其次，在国内开展了敦煌文化艺术进校园、进社区、进军营等活动，包括免费向敦煌及周边县市的中小学生开放莫高窟；举行系列的文化教育活动、各类的展览走进当地社区、乡镇和军营；全国高校开展敦煌壁画的艺术精品的公益巡展。未来与相关的国际合作伙伴合作，组织举办敦煌文化艺术国际巡回展。同时，顺应互联网的发展趋势，充分利用"数字敦煌"成果，借助网络向社会大众传播、分享敦煌文化的艺术，目前已经实现了包括30个洞窟高清图像的"数字敦煌"资源库的全球共享（http://www.e-dunhuang.com）。我们还将继续完善"数字敦煌"资源库，将更多敦煌文化艺术的盛宴奉献给社会大众。

文化创意也是敦煌研究院文化事业发展的重要内容，是敦煌文化艺术弘扬的重要手段和途径。"盈益"是敦煌研究院文创发展的核心目标，是将敦煌文化遗产价值、美好转换，多层次、多角度地传递给当代观众，助力当代人的心灵成长，生活美学的建设。文化创意事业与产业发展是敦煌研究院"保护、研究、弘扬"方针的重要组成部分，是以敦煌历史文化艺术研究、阐释为学术基础，以文创设计及产品、服务为弘扬手段，推动了敦煌价值为世界所进一步熟知及认可，最终凝聚成为对于敦煌文化遗产的文化感召与保护共识。任何经营活动都不得妨碍及损害敦煌文化遗产的价值。在所有的文创活动中，我们要贯穿"慈悲能承载、智慧能沟通、美能成就"的文化意蕴，与世界共识、共享。坚持敦煌文创的品牌定位"与现代生活互动，将敦煌的感动带给未来；以精良的文创产品，生动地为现代观众再现敦煌的美好、温暖，以及古老文明具有的智慧启迪"。将文创活动与莫高窟的旅游开发的新模式及公共文化服务体系的建设统筹考虑、有机结合，充分协同各种展览、展示、服务资源，构建公共文化服务体系与敦煌文化的弘扬系统。

六、敦煌文化艺术展望

（一）加大学术成果的转化的力度

瞄准新一轮科技革命和文化产业变革，适应我国经济社会发展需要，在文化战略必争的领域前沿，进行一些前瞻性部署，强化原始创新、集成创新和引进消化吸收创新，加速敦煌学人文、科技基础研究和文化创意应用研究的衔接融合，形成全链条、一体化创新布局。同时，发挥敦煌研究院在文物保护和数字化方面的技术优势，加大科技成果转化的力度；完善技术授权和技术服务的制度，实现科技成果的有序转化；启动学术研究及展览的普及推广；确保社会效益的前提下，实现一定的经济效益。

（二）建立灵活的演播展示空间

利用多媒体、动漫影片等数字节目，建立演播展示空间，通过观览、互动参与等形式，让观众进一步生动体验敦煌之美和艺术匠心。强化在大众传媒和网络新媒体平台的传播，扩大敦煌文化艺术的受众面。

（三）建立轻松的教学空间

充分发挥敦煌文化艺术的教育功能,发掘传统艺术的智慧,辅助科技手段,通过精心的设计、生动有趣的课程,寓教于乐。观众可以亲自动手,体验敦煌艺术的创造过程,拉近观众与敦煌艺术之间的距离,切身地感受到敦煌艺术的价值。让观众参与敦煌艺术教学体验活动,通过与敦煌古代文化艺术智慧的接触,跨越时代、文化、语言等隔阂,将古老的美连接到每个人的生活中,体现"智慧能沟通"这样一种意蕴。

（四）建立高品质上乘的茶歇空间

通过简洁、精致、道地的敦煌艺术茶点,配合数种精到的文创产品,使观众体验到一种悠远的古老滋味,再现美好、温暖并具有智慧启迪的敦煌古老文明。包含有对万物的珍惜与善用,象征慈悲、惜福,体现"慈悲能承载"的意蕴,奉献给社会一种温暖厚朴的生活美学。

（五）建立给人启迪的销售空间系统

以讲究、优雅、敦煌气息的展陈氛围,推出相关文化创意产品的展陈销售,通过导购人员对文化创意产品背后的文化背景、设计理念、巧思寓意等因素的悉心介绍和"美能成就"的文化意蕴,启迪观众把敦煌文化等感动和艺术之美带回家。

（六）完善文化深度的旅游导览服务

通过建立旅游导览服务体系,满足不同观众群体对敦煌文化艺术的需求。让不同需求的观众真正感知到自己心中的敦煌,培育深厚的情感纽带,成为敦煌之友。

(七) 研发系列文创产品

研发基于敦煌文化价值,兼具实用性、趣味性、知识性、艺术性理念的系列文化创意产品。包括一些家居家装用品、服装服饰类用品、壁画及影视动漫衍生品、生活美学类、文化纪念类等。产品的研发与保护、研究、弘扬事业要紧密结合,互相促进,协同发展。

敦煌石窟多年的保护实践说明,敦煌文化艺术保护是基础,价值研究是核心,传承弘扬是目的,如此艰巨的任务仅靠敦煌研究院是无法完成的。未来敦煌研究院将在先辈们开创的保护事业的基础上,继续保持并扩大国际、国内的合作,以更加开阔的视野、更加开放的胸怀,与社会各界共同保护并守望这份珍贵的人类文化遗产。我们将积极寻求社会各界的帮助和支持,希望通过10到15年的努力,将敦煌研究院建成一个致力于敦煌乃至丝绸之路沿线文化遗产保护研究的国际化平台,使得敦煌文化艺术在更广范围内为人们知悉并分享。这也将促使敦煌石窟能够更好地加以保护、研究和弘扬,进一步提升世界遗产的开放管理水平,把一个真实、完整的敦煌石窟传承给我们的下一代。

图书在版编目（CIP）数据

敦煌的艺术 / 叶朗，顾春芳主编. —南京：译林出版社，2023.5
（大家美育课）
ISBN 978-7-5447-9505-0

Ⅰ.①敦… Ⅱ.①叶… ②顾… Ⅲ.①敦煌学－艺术－研究 Ⅳ.①K870.6

中国版本图书馆 CIP 数据核字（2022）第 215653 号

敦煌的艺术 叶 朗 顾春芳/主编

策　　划	北京大学美学与美育研究中心　北京大学艺术学院	
责任编辑	陆晨希	
装帧设计	韦　枫	
供　　图	敦煌研究院	
校　　对	戴小娥　孙玉兰	
责任印制	单　莉	

出版发行	译林出版社
地　　址	南京市湖南路 1 号 A 楼
邮　　箱	yilin@yilin.com
网　　址	www.yilin.com
市场热线	025-86633278
排　　版	南京展望文化发展有限公司
印　　刷	江苏凤凰新华印务集团有限公司
开　　本	880 毫米 ×1230 毫米　1/32
印　　张	5.75
插　　页	10
版　　次	2023 年 5 月第 1 版
印　　次	2023 年 5 月第 1 次印刷
书　　号	ISBN 978-7-5447-9505-0
定　　价	57.00 元